Listen, play & learn FRENCH

AGE 8+

Merci à Okidokid de m'avoir embarquée dans l'aventure !
Merci aussi à Aude, Julien, Mathilde et Florent, solide
équipage sans qui ce bateau-là ne serait pas arrivé à bon port.
A. F.

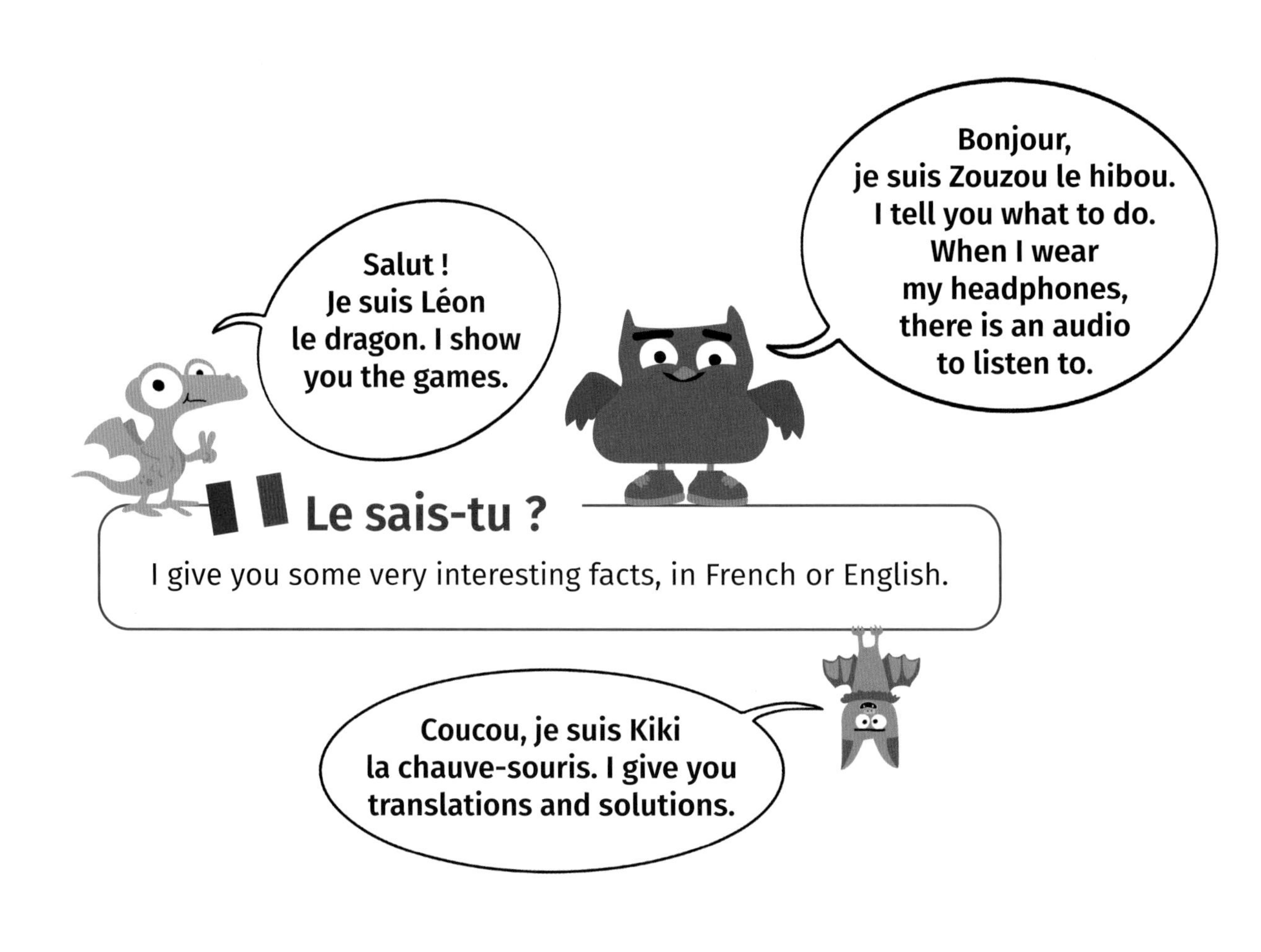

Listen, play & learn FRENCH

AGE 8+

Anna Forgue
Félix Rousseau

Coucou, c'est nous !

Bienvenue dans le monde d'Antoine et Ludivine ! Ils sont frère et sœur et ils habitent à Toulouse, dans le sud de la France. With them, you will learn to speak « français ».

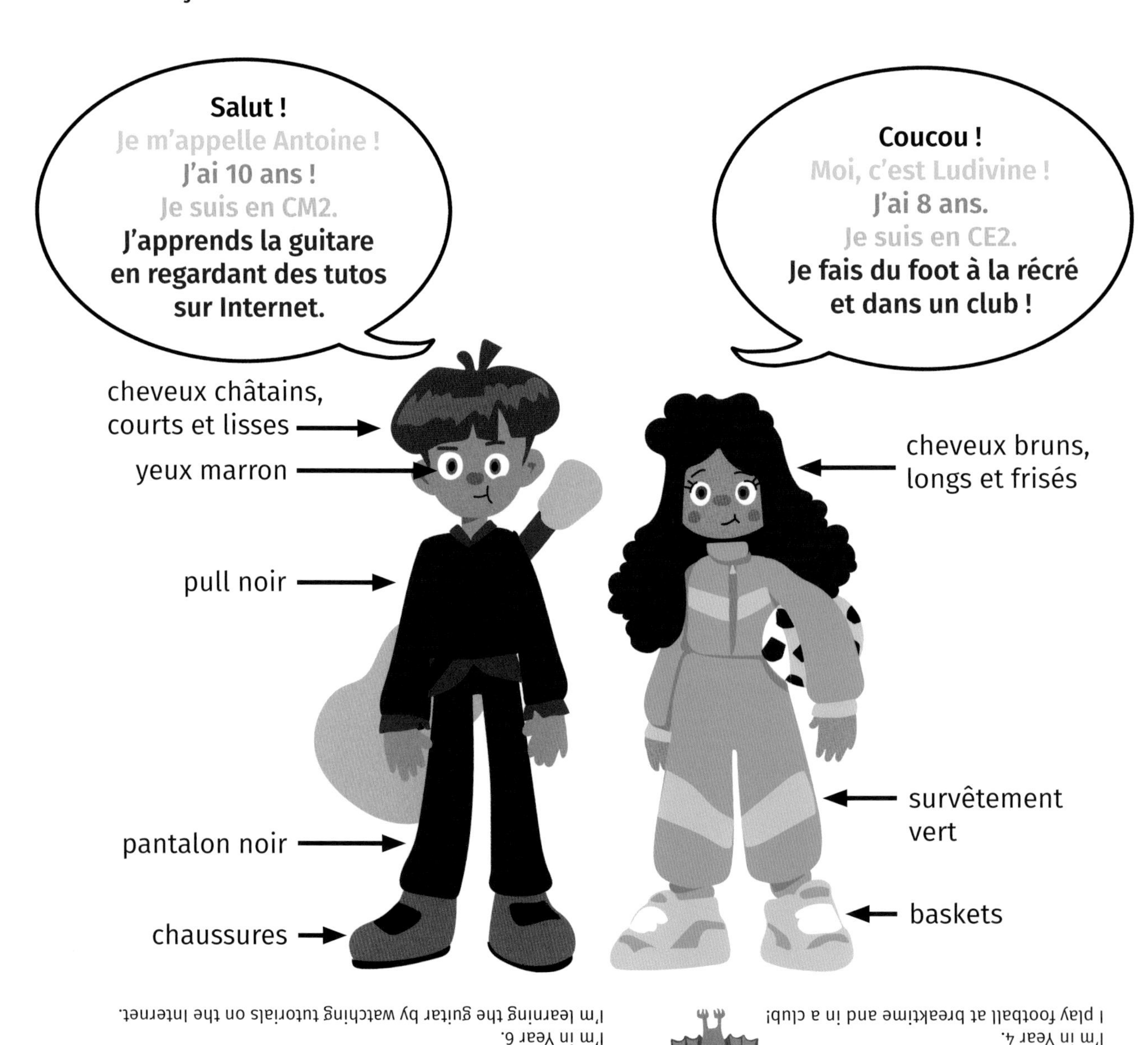

How to?

To learn progressively, go over each chapter step by step.

When you meet “Zouzou le hibou” avec un casque, use the QR code and follow these steps:

1. Listen.
2. Listen and stop after each word or sentence to repeat.
3. Listen again while reading.
4. Enjoy the games!

In each chapter, you’ll find new games that mix
the vocabulary and skills learned before.
Enjoy them and reuse them regularly to strengthen your new knowledge.

Don’t hesitate to look for answers in previous chapters or to ask “Kiki la chauve-souris”!

Ready? C’est parti !

À toi de parler !

Et toi ? Comment tu t’appelles ?
Tu as quel âge ? Tu es en quelle classe ?
Qu’est-ce que tu aimes ?

Sommaire

6 On fait des crêpes
Va à la page 54

7 Les courses en ville
Va à la page 66

8

Chez papi et mamie
Va à la page 74

9

L'an prochain
en sixième
Va à la page 82

1 Il y a un nouveau dans ma classe !

September, back to school! Antoine and Ludivine are happy to see their friends.

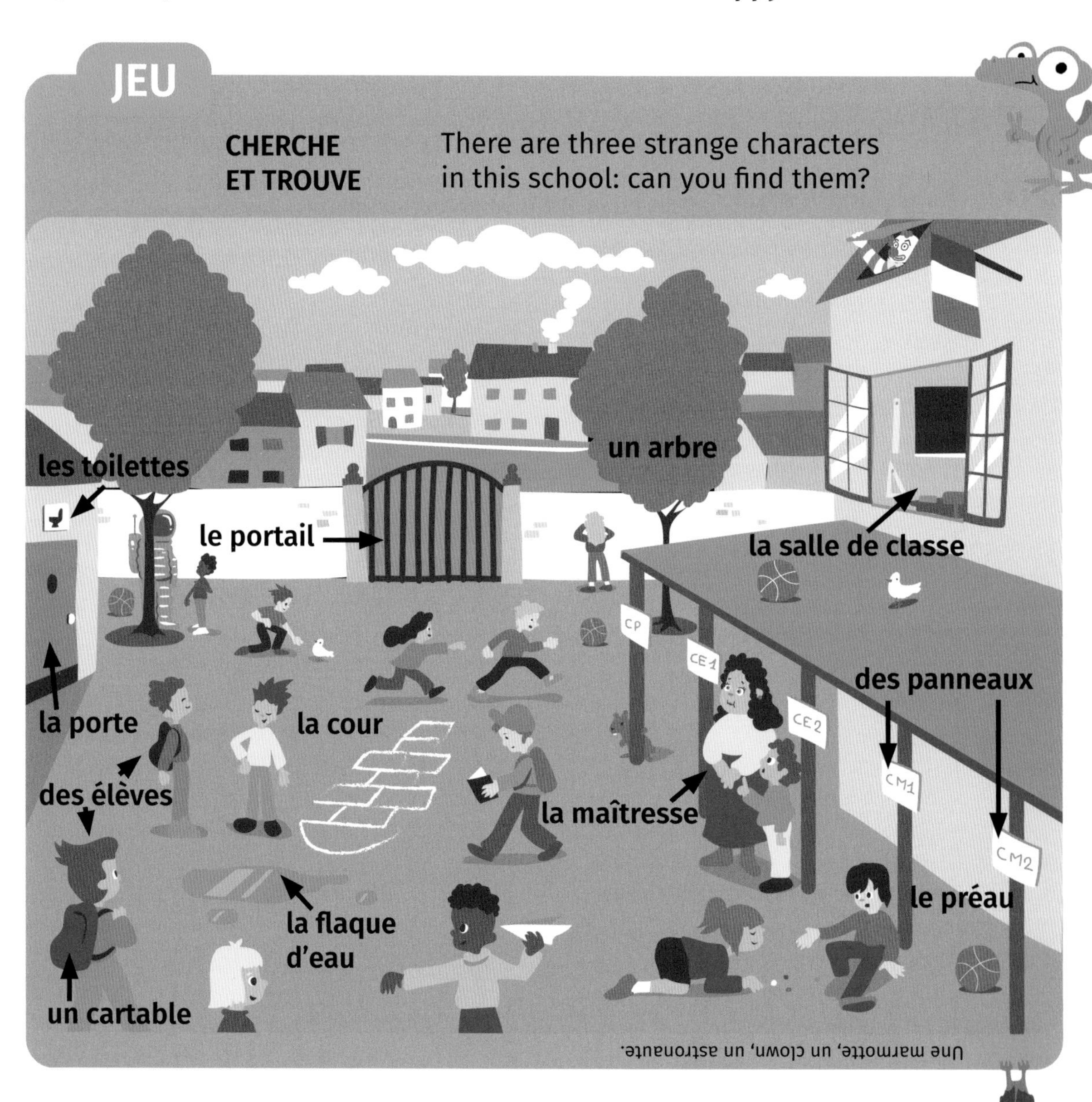

DIALOGUE

Antoine : Bonjour, je m'appelle Antoine. Tu es nouveau ?

Rayan : Oui, je suis nouveau. Je rentre en CM2. Je m'appelle Rayan et je viens de Syrie.

Ludivine : Salut !

Antoine : C'est ma sœur, elle s'appelle Ludivine.

Rayan : Bonjour, Ludivine. Moi, c'est Rayan.

Ludivine : Salut, Rayan ! Tu viens jouer au foot ?

Antoine: Hello, my name is Antoine. Are you a new student?
Rayan: Yes, I am a new student. I'm going into Year 6. My name is Rayan and I'm from Syria.
Ludivine: Hi!
Antoine: This is my sister, her name is Ludivine.
Rayan: Hi, Ludivine! I am Rayan.
Ludivine: Hi, Rayan! Are you coming to play football?

BD

Panel 2, Antoine says: "Hello!"
Panel 3, Ludivine says: "Hi!"

Le sais-tu ?

Primary French schools include five levels according to ages.
6 ans : CP
7 ans : CE1
8 ans : CE2
9 ans : CM1
10 ans : CM2

Les maîtres et maîtresses de l'école

JEU

CHERCHE ET TROUVE

- Find the picture that matches the description of the students.
- Go back to page 6 to find the vocabulary.

❶ **Jacques :** Ma maîtresse a les yeux noirs et les cheveux longs.

❷ **Rayan et Antoine :** Notre maîtresse a les cheveux blonds, frisés, et des boucles d'oreilles.

❸ **Ludivine :** Mon maître a les yeux marron et il n'a pas de cheveux !

❹ **Tous les enfants :** Notre directrice a les cheveux courts et les yeux verts.

Monsieur CITARD

Madame SOUDAIN

Madame SYMCO

Madame CADO

Monsieur CUSTUCRU

Madame CETI

1. Madame SYMCO / 2. Madame CETI / 3. Monsieur CUSTUCRU / 4. Madame CADO.

JEU

VRAI OU FAUX ?

1. Antoine est nouveau.
2. Rayan est syrien.
3. Ludivine est la sœur de Rayan.
4. Antoine et Ludivine habitent à Paris.
5. Rayan est en CM2.

1F / 2V / 3F / 4F / 5V.

DÉFI

Repeat this sentence as fast as you can. Antoine voit trois étoiles !

Antoine sees three stars!

VOCABULAIRE

★ Read this sentence aloud, matching the words with the pictures.

Dans la cour, il y a 1 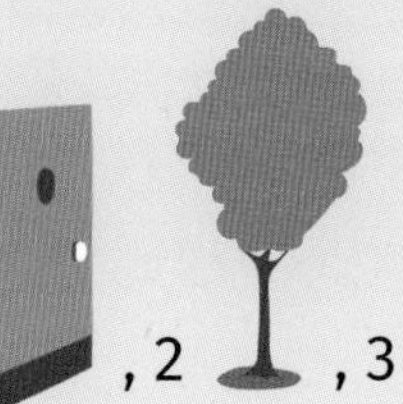 , 2 , 3 , 4  et 5 .

Dans la cour, il y a 1 porte, 2 arbres, 3 flaques d'eau, 4 ballons et 5 panneaux.

Le nouveau est très poli !

The new student is very polite!

BD

Panel 2, Antoine says: "Polite?".
Panel 3, his father says: "Polyglot!"

DIALOGUE

Antoine : Il y a un nouveau dans ma classe ! Il parle arabe, anglais ET français !

Le papa (Stéphane) : Oh, il est polyglotte !

Antoine : Poli-quoi ?

Le papa : Polyglotte : il parle plusieurs langues !

Antoine : Ah ! j'ai compris. Tu sais, il est aussi très poli.

Le papa : Tu veux dire plus poli que Ludivine et toi ?

Antoine : Ah ! c'est malin !

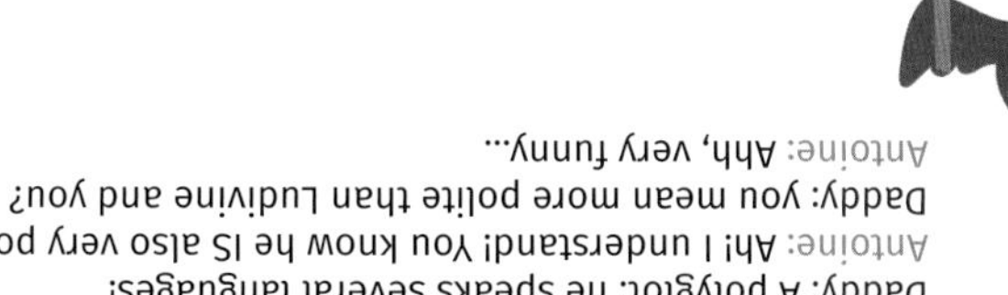

Antoine: There is a new student in my class! He speaks Arabic, English AND French!
Daddy (Stéphane) : Oh! He is a polyglot!
Antoine: A poli-what?
Daddy: A polyglot: he speaks several languages!
Antoine: Ah! I understand! You know he IS also very polite.
Daddy: you mean more polite than Ludivine and you?
Antoine: Ahh, very funny...

Le sais-tu ?

En France, il y a plus de 6,5 millions d'écoliers ! Et autant de chaises et de pupitres !

In France, there are more than 6.5 million primary school students! And as many chairs and desks!

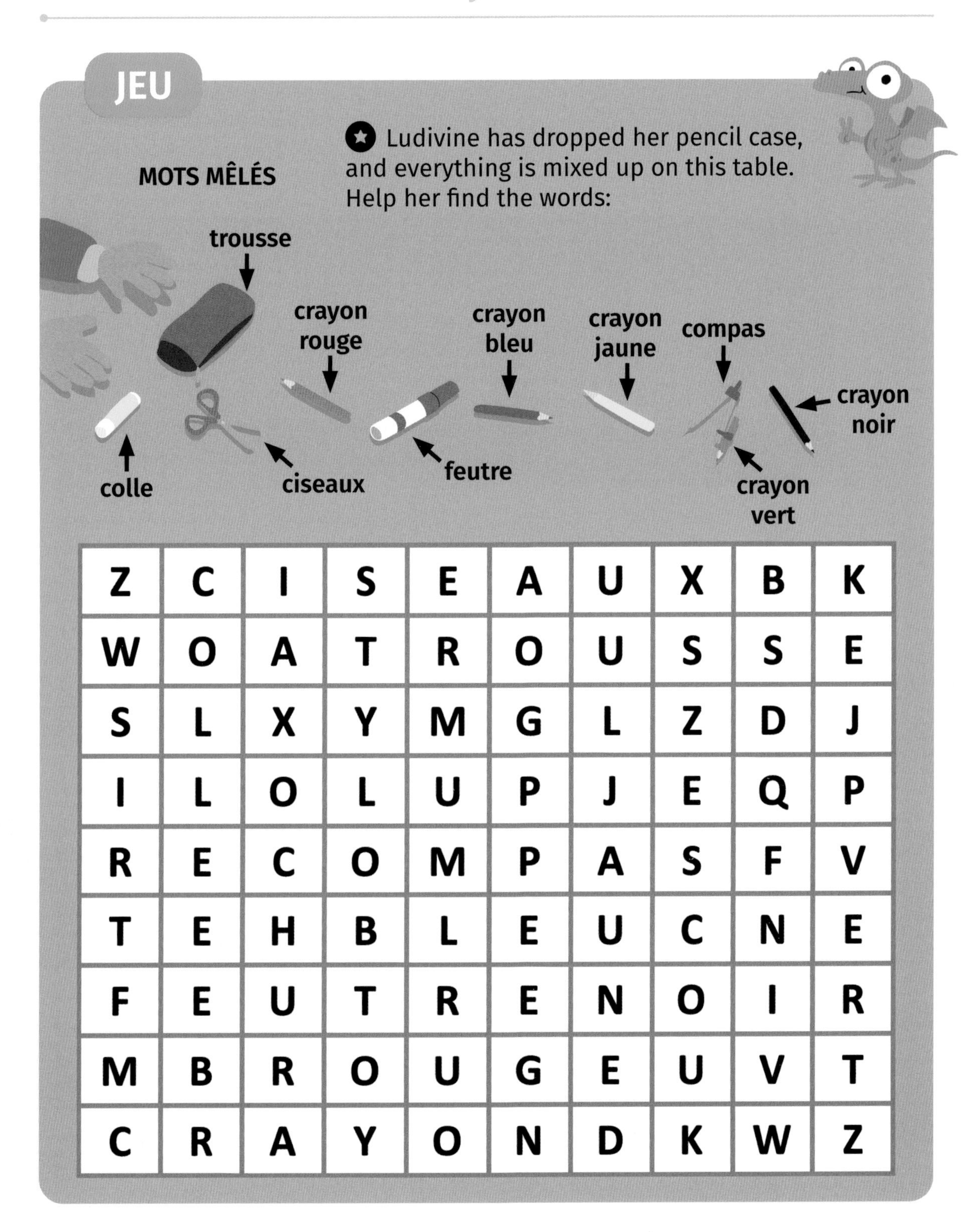

JEU

MOTS MÊLÉS

★ Ludivine has dropped her pencil case, and everything is mixed up on this table. Help her find the words:

Z	C	I	S	E	A	U	X	B	K
W	O	A	T	R	O	U	S	S	E
S	L	X	Y	M	G	L	Z	D	J
I	L	O	L	U	P	J	E	Q	P
R	E	C	O	M	P	A	S	F	V
T	E	H	B	L	E	U	C	N	E
F	E	U	T	R	E	N	O	I	R
M	B	R	O	U	G	E	U	V	T
C	R	A	Y	O	N	D	K	W	Z

La classe

JEU

CHERCHE ET TROUVE

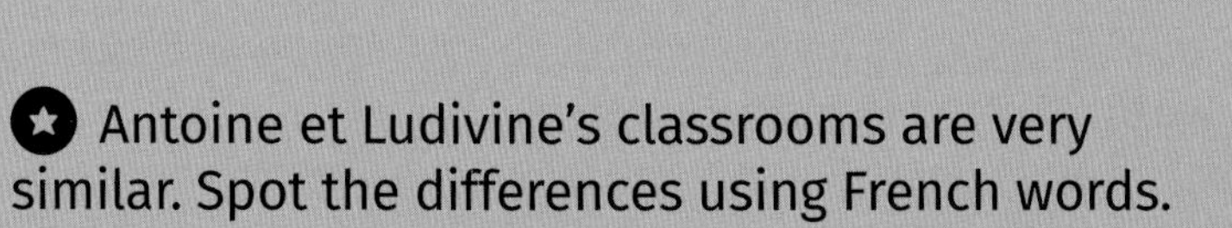

Antoine et Ludivine's classrooms are very similar. Spot the differences using French words.

La classe d'Antoine

La classe de Ludivine

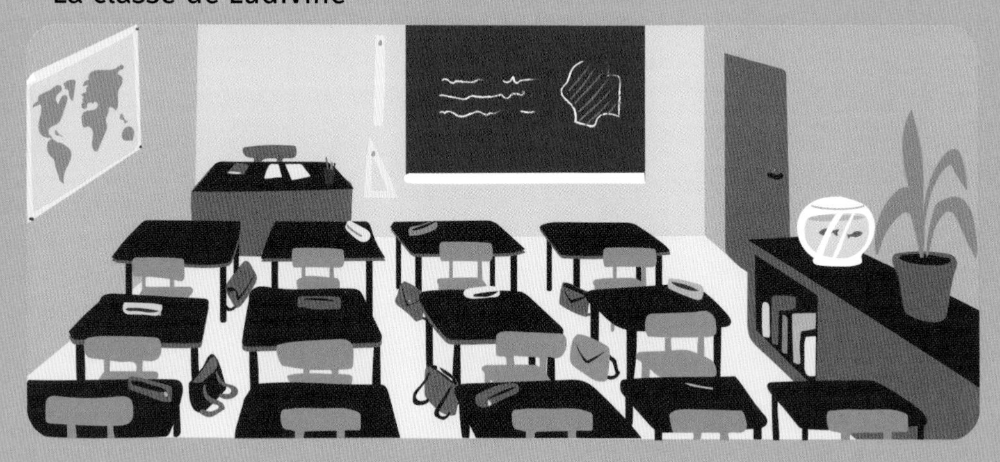

Différences : l'aquarium, le stylo, la carte géographique, le nombre de pupitres (13 au lieu de 10), de chaises (13 au lieu de 10), de cartables (6 au lieu de 3) et de trousses (8 au lieu de 5).

POÈME

LIBERTÉ (extraits)

Paul Éluard

Sur mes cahiers d'écolier
Sur mon pupitre et les arbres
Sur le sable sur la neige
J'écris ton nom

Sur toutes les pages lues
Sur toutes les pages blanches
Pierre sang papier ou cendre
J'écris ton nom

(...)

Et par le pouvoir d'un mot
Je recommence ma vie
Je suis né pour te connaître
Pour te nommer
Liberté.

Poésie et Vérité (1942)

Freedom (excerpts)
On my exercise books
On my school desk and the trees
On the sand and the snow
I write your name
On all the pages read
On all the blank pages
Stone, blood, paper or ashes
I write your name
(...)
And through the power of a word
I start my life again
I was born to know you
To name you
Freedom.
Poetry and truth 1942

2 J'adore le foot !

DÉFI

Une maîtresse est là. She is on the field. Can you recognize her? Comment s'appelle-t-elle ? There are five things, marked with arrows, which you met in previous lessons. Can you name them?

La maîtresse s'appelle Madame Ceti. Les objets à trouver : une flaque d'eau, une chaise, un ballon, la colle et une trousse.

BD

DIALOGUE

Antoine : Ludivine, tu vas où ?

Ludivine : Je vais m'entraîner au club de foot !

Rayan : Quelle chance, j'adore le foot !

Ludivine : Oui, moi aussi. J'aime faire du foot à l'école et au club.

Antoine : Moi, je n'aime pas le foot. Je préfère la musique.

La maman (Élise) : Moi, j'adore le foot mais dans le canapé, devant la télé !

Antoine: Ludivine, where are you going?
Ludivine: I'm going to train at the football club!
Rayan: How lucky, I love football!
Ludivine: Yes, me too. I like playing football at school and with the club.
Antoine: I do not like football. I prefer music.
Mummy (Élise) : I love football too but on my sofa, watching TV!

Le sais-tu ?

Le football est le sport le plus pratiqué en France chez les enfants de moins de 15 ans. Le 2e sport préféré des enfants est le tennis, le 3e est le judo.

Football is the most practised sport in France for kids under 15. Children's second favourite sport is tennis, and third is judo.

On joue ?

JEU

CHERCHE ET TROUVE

★ Match each character with a sentence:

1. J'adore courir.
2. Je n'aime pas jongler avec le ballon.
3. J'aime regarder le foot à la télé.
4. J'aime m'étirer.
5. J'adore dribbler avec le ballon.
6. J'adore jouer de la guitare.

A

B

C

D

E

F

1E / 2B / 3A / 4F / 5C / 6D.

Le sais-tu ?

Toulouse est une ville du sud-ouest de la France. Elle est appelée la ville rose à cause... de ses briques rouges !

Toulouse is a city in southwest France. It is called the "pink city" because of... its red bricks!

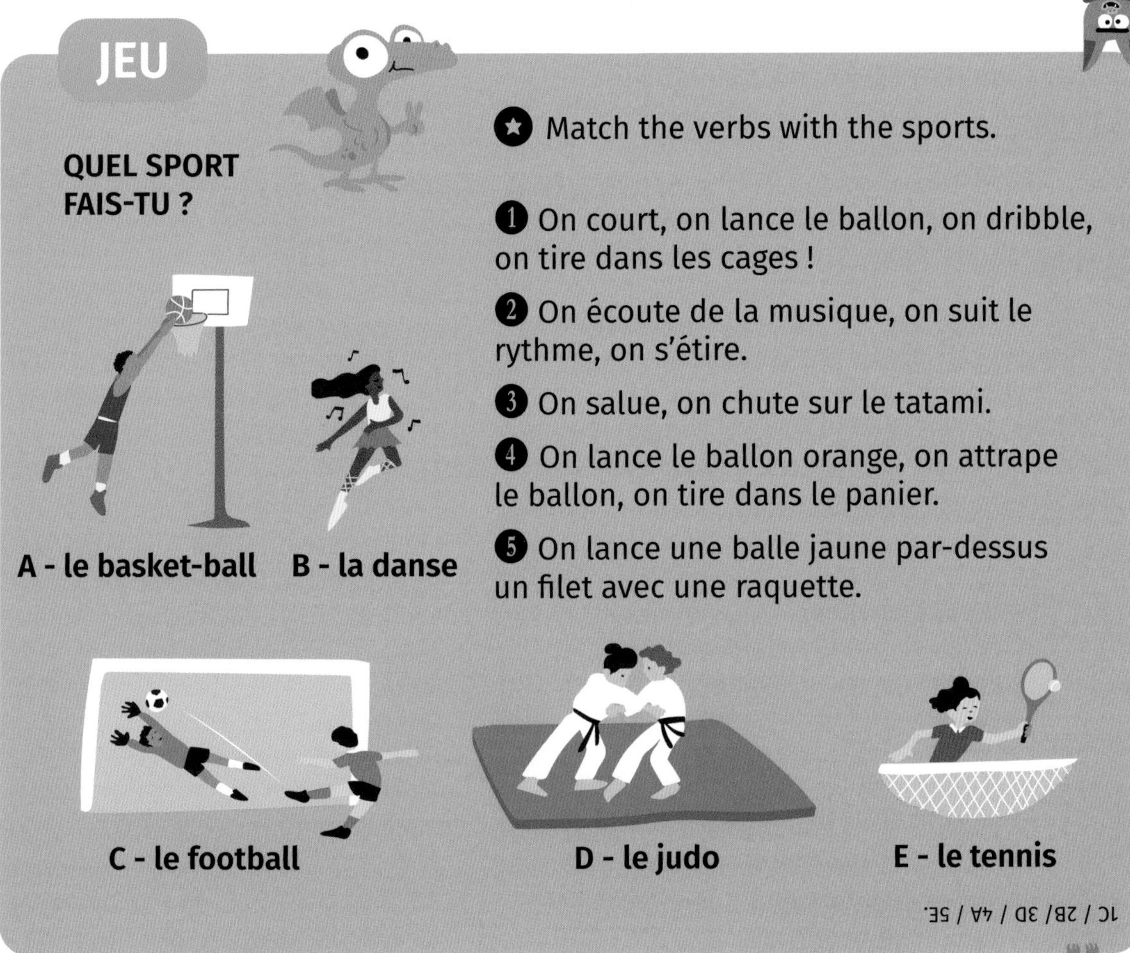

JEU

QUEL SPORT FAIS-TU ?

★ Match the verbs with the sports.

❶ On court, on lance le ballon, on dribble, on tire dans les cages !

❷ On écoute de la musique, on suit le rythme, on s'étire.

❸ On salue, on chute sur le tatami.

❹ On lance le ballon orange, on attrape le ballon, on tire dans le panier.

❺ On lance une balle jaune par-dessus un filet avec une raquette.

A - le basket-ball **B - la danse**

C - le football **D - le judo** **E - le tennis**

1C / 2B / 3D / 4A / 5E.

À toi de parler !

Et toi, es-tu plutôt comme Antoine ou Ludivine ?
Qu'aimes-tu faire ?

La belle balle

BD

Panel 2, Rayan says: "Excuse me!"
Panel 3, he says: "I'm sorry!"

Rayan : Waouh ! Ludivine, tu sais bien jongler avec le ballon !

Ludivine : Oui, regarde : 1, 2, 3, 4, 5, 6, 7, 8, 9, 10 ! Et toi ?

Rayan : Oui, bien sûr ! 1, 2, 3, 4, 5... Oh, pardon !

Rayan: Wahoo, Ludivine, you really know how to juggle!
Ludivine: Yes, look: 1, 2, 3, 4, 5, 6, 7, 8, 9, 10! And you?
Rayan: Yes, of course! 1, 2, 3, 4, 5... Oops, Excuse me!

Le sais-tu ?

En France, il y a plus de 30 000 terrains de foot !

In France, there are more than 30,000 football pitches.

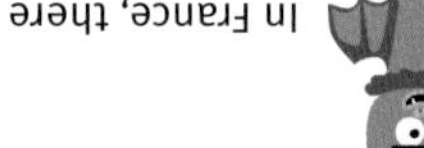

DÉFI

Repeat as fast as you can:

La belle balle bleue brille !

The beautiful blue ball is brillant.

VOCABULAIRE

TENUE DE VILLE ET TENUE DE FOOT

★ Ludivine likes to wear many colours. Can you name the colours of her clothes in French?

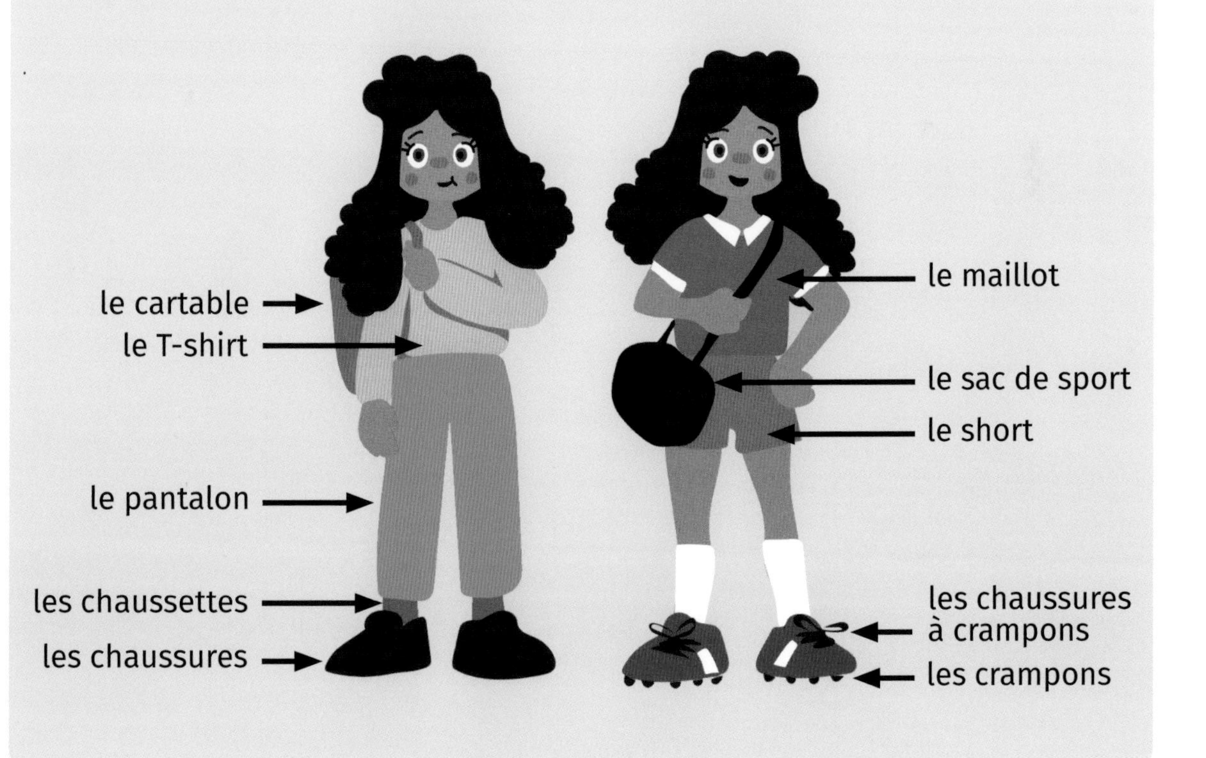

Quelle équipe !

JEU

CHERCHE ET TROUVE

Each person in Ludivine's team has their own distinctive feature. They are either the most *(le ou la plus)* or the least *(le ou la moins)* something. Find out who is who by matching the words below (A, B, C, etc.) with the characters in the picture (1, 2, 3, etc.).

Young
A. Je suis la moins jeune.
Muscular
B. Je suis la plus musclée.
C. Je suis la moins musclée.
Strange
D. Je suis la plus étrange !
Colourful
E. Je suis la plus colorée.
F. Je suis la moins colorée.
Energetic
G. Je suis la plus énergique.
H. Je suis la moins énergique.
Tall
I. Je suis la plus grande.
J. Je suis la moins grande.
Connected
K. Je suis la plus connectée.

A9 / B1 / C4 / D11 / E7 / F10 / G2 / H6 / I3 / J5 / K8.

JEU

VRAI OU FAUX ?

❶ Ludivine n'aime pas jouer au football.

❷ La maman de Ludivine et Antoine aime regarder le football à la télé.

❸ Rayan préfère la musique au football.

❹ Antoine n'aime pas la musique.

❺ Ludivine et Rayan adorent le football.

1F / 2V / 3F / 4F / 5V.

DÉFI

Listen to the audio, then read the text aloud.

Qui sera goal ?

- Plouf, plouf,

Une boule boule,

Qui roule qui roule,

Où va-t-elle s'arrêter ?

Paris ou Toulouse ?

- Toulouse !

- T-O-U-L-O-U-S-E : c'est toi le goal!

Eeny meeny, miney, moe
A ball a ball
Rolling rolling
Where will it stop?
Paris or Toulouse?
- Toulouse!
- T-O-U-L-O-U-S-E! You're the goalkeeper!

3 Le meilleur tuto de guitare

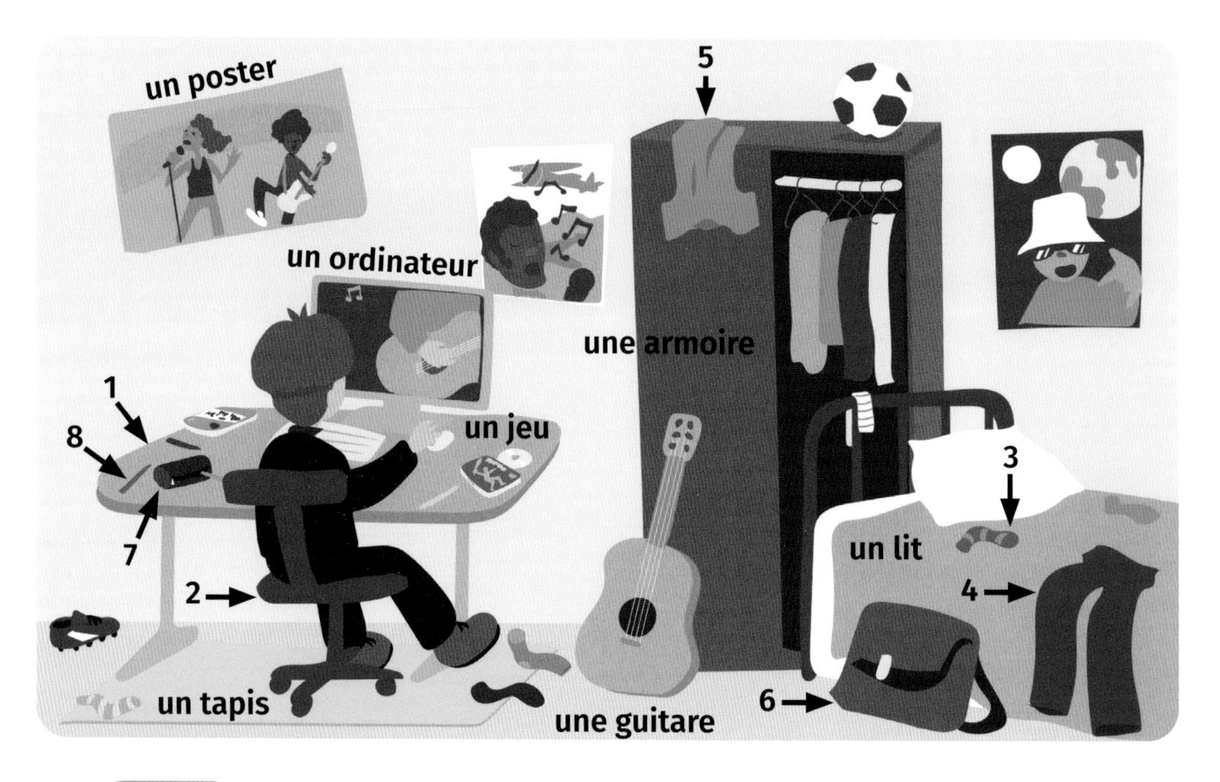

JEU

CHERCHE ET TROUVE

- Antoine's room is a bit messy: a good opportunity for you to discover new words!
- There are 8 objects marked by an arrow that you already discovered in previous lessons. Can you name them in French?
- Ludivine left 2 objects lying around. Can you find and name them?

1. Un bureau / 2. Une chaise / 3. Une chaussette / 4. Un pantalon / 5. Un T-shirt / 6. Un cartable / 7. Une trousse / 8. Un stylo. Les objets de Ludivine : un ballon de foot et des chaussures à crampons.

BD

Panel 1, Antoine says: „Guess!"
Panel 2, Mummy says: „Listen!"
Panel 3, Daddy says: „Dinner's ready!"

DIALOGUE

Antoine : Maman, je peux utiliser l'ordinateur ? Mon téléphone n'a plus de batterie.

La maman (Élise) : Est-ce que tu veux regarder les *stories* de tes amis ?

Antoine : Non. Devine...

La maman : Est-ce que tu veux faire une publication ?

Antoine : Non !

La maman : Je donne ma langue au chat...

Antoine : Je veux regarder le meilleur tuto de guitare : en trente secondes, on apprend une chanson !

La maman : C'est d'accord pour le tutoriel ! Mais moi, je connais un refrain qui se chante sans guitare. Écoute...

Le papa (Stéphane) : À table !

Ludivine : Qu'est-ce qu'on mange ?

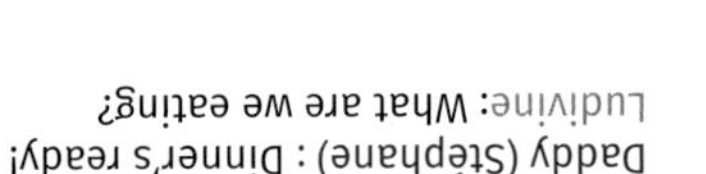

Antoine: Mummy, can I use the computer? My phone's dead!
Mummy (Élise): Do you want to look at your friend's stories?
Antoine: No. Guess...
Mummy: Do you want to post something?
Antoine: No!
Mummy: I give up...
Antoine: I want to watch the best guitar tutorial: in thirty seconds you can learn a new song.
Mummy: Ok! But I know a chorus you can sing without a guitar. Listen...
Daddy (Stéphane): Dinner's ready!
Ludivine: What are we eating?

Dans la chambre d'Antoine

VOCABULAIRE

Read this sentence aloud, matching the words with the pictures. Then listen to the audio.

Dans la chambre, il y a 1 , 2 , 3 , 4  et 5 .

Dans la chambre, il y a 1 guitare, 2 jeux, 3 posters, 4 stylos et 5 chaussettes.

Le sais-tu ?

En France, il est interdit d'avoir un compte sur un réseau social quand on a moins de 13 ans.

In France, you are not allowed to have a social media account if you are under 13.

JEU

LE PANIER DE CHAUSSETTES

Antoine's sock basket is full of single socks. But how many pairs are there for each pattern?
Combien y a-t-il de paires de chaussettes : unies ? rayées ? étoilées ? à pois ?

unie

rayée

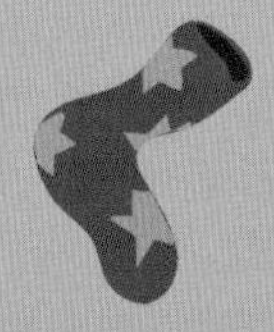
étoilée

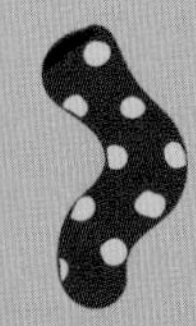
à pois

Il y a 4 paires unies, 3 paires rayées, 2 paires étoilées, 1 paire à pois.

DÉFI

Repeat as fast as you can:

Six souris sous son lit sourient !

JEU

OUI OU NON ?

★ Look at page 26 and answer these questions with “oui” or “non”. Dans la chambre d’Antoine :

1. Est-ce qu’il y a un arbre ?
2. Est-ce qu’il y a un ballon ?
3. Est-ce qu’il y a un stylo rouge ?
4. Est-ce qu’il y a un cartable ?
5. Est-ce qu’il y a des ciseaux ?
6. Est-ce qu’il y a des posters ?

1. Non / 2. Oui / 3. Non / 4. Oui / 5. Non / 6. Oui.

JEU

LE RANGEMENT

★ Antoine has to tidy his bedroom, but where should he put his things: in the desk or in the wardrobe?

★ Choose the right place for each object.
Exemple : la trousse **se range dans** le bureau.

le bureau

l’armoire

le stylo	la paire de chaussettes
le pantalon	la trousse
le T-shirt	le compas
les ciseaux	la colle

Le stylo se range dans le bureau, comme les ciseaux, la trousse, le compas et la colle.
Le pantalon se range dans l’armoire, comme le T-shirt et la paire de chaussettes.

Ma musique préférée

BD

Panel 1, Ludivine says: "Guess!"
Panel 2, Natacha says: "I give up."
Panel 3, Ludivine says: "What a pity!"

DIALOGUE

Natacha : Ludivine, quelle est ta musique préférée ?

Ludivine : Dans ma chambre, j'écoute du rock et de la pop ! J'aime aussi écouter du classique chez mes grands-parents.

Natacha : Est-ce que tu aimes le rap américain ?

Ludivine : Oui ! Et certains chanteurs français aussi. Devine la nationalité de mon groupe préféré.

Natacha : Est-ce qu'il est anglais ? Allemand ?

Ludivine : Non...

Natacha : Je donne ma langue au chat !

Ludivine : Il est coréen ! J'adore la K-pop !

Natacha: Ludivine, what is your favourite music?
Ludivine: In my bedroom, I listen to rock and pop music! I also like listening to classical music when I am at my grandparents' house.
Natacha: Do you like American rap?
Ludivine: Ludivine: Yes! And some French singers too. Can you guess the nationality of my favourite group?
Natacha: Is it English? German?
Ludivine: No...
Natacha: I give up!
Ludivine: It is Korean! I love K-pop!

Le sais-tu ?

"Je donne ma langue au chat !" literally means "I give my tongue to the cat!" Say it when you don't know the answer!

JEU

QUI SUIS-JE ?

★ Here is Ludivine's favourite group. Match the names with the description.

1. Je suis le plus grand du groupe, j'ai les cheveux blonds et un T-shirt rayé. Je m'appelle...
2. J'ai les yeux bleus, une cravate à pois et je joue de la guitare. Je m'appelle...
3. Je suis le moins grand du groupe, j'ai un T-shirt bleu et un pantalon bleu. Je m'appelle...
4. Je porte des vêtements très colorés, j'ai les cheveux noirs et courts. J'ai un T-shirt uni. Je m'appelle...
5. Je suis le plus musclé, j'ai un T-shirt noir étoilé et des lunettes. Je m'appelle...

1. Kim / 2. Luc / 3. Sam / 4. John / 5. Tom.

À toi de parler !

Et toi, quelle est ta musique préférée ?

Le bon rythme !

JEU

MOTS MÊLÉS

★ Antoine plays in a band with his friends. Find the names of their instruments in the table below.

une **guitare** — une **batterie** — une **trompette** — un **piano** — un **violon**

A	G	V	Z	Y	Y	A	N	O
W	U	P	B	R	T	T	A	N
V	I	O	L	O	N	M	P	W
Q	T	P	I	A	N	O	T	X
B	A	T	T	E	R	I	E	L
T	R	O	M	P	E	T	T	E
A	E	R	O	F	G	H	K	U

DÉFI

**Antoine dreams of making a guitar tutorial.
Listen and repeat the song!**

Salut ! Je m'appelle Antoine !
J'ai dix ans. Je joue de la guitare.
Écoute la chanson de la puce !

« Do ré mi fa sol la si do,
Gratte-moi la puce que j'ai dans le dos.
Si tu me l'avais dit plus tôt,
Elle ne serait pas montée si haut ! »

N'oublie pas de *liker* ma vidéo si tu as aimé !

Hi, my name's Antoine, and I'm ten years old.
I play guitar. Listen to the Flea Song!
"Do, re, mi fa, so, la, si, do
Scratch the flea on my back.
If you'd told me earlier,
It wouldn't have climbed so high!"
Don't forget to give my video a like if you liked it!

GRAMMAIRE

LE PRÉSENT

Look at the following verbs: parler, aimer, jouer... Most French verbs end with "ER".

Based on the English verb "to like", the French verb "liker" started to be used with social media. It's even in the dictionary!

Pronoms	Parler	Aimer	Liker
Je/j'	parle	aime	like
Tu	parles	aimes	likes
Il/elle/on	parle	aime	like
Nous	parlons	aimons	likons
Vous	parlez	aimez	likez
Ils/elles	parlent	aiment	likent

#1 On révise ?

La photo de classe : souriez !

DÉFI

Can you name the 5 yellow objects that the children are holding?

JEU

OUI OU NON ?

1. Est-ce que Tamara a un T-shirt rouge ?
2. Est-ce que Simone et Robin ont un pull de la même couleur ?
3. Est-ce que la maîtresse a les cheveux blonds ?
4. Est-ce que Margaux porte du rouge ?
5. Est-ce que Rémi a des chaussures à crampons ?
6. Est-ce que Mayiko est la plus grande de la classe ?

1. Oui / 2. Oui / 3. Oui / 4. Non/ 5. Oui / 6. Oui.

JEU

QUI SUIS-JE ?

★ Guess the children's names according to their description.

1. Je suis le plus petit de la classe.
2. Je porte des lunettes, j'ai les cheveux blonds et les yeux noirs.
3. J'ai un pantalon vert, les cheveux roux et les yeux noirs.
4. Je porte des lunettes, j'ai les cheveux bruns et les yeux noirs.
5. J'ai une trousse jaune et j'ai les cheveux blonds et frisés.
6. Je porte un T-shirt bleu, des chaussettes rouges et j'ai les yeux marron.
7. Je suis la plus âgée et j'ai de longs cheveux blonds.
8. Je porte un survêtement et j'aime le basket.

1. Jacques / 2. Simone / 3. Robin / 4. Keryan / 5. Mayiko / 6. Rémi / 7. Madame Symco / 8. Lucien.

JEU

DEVINE !

★ Remember the names of the music notes in French by listening to Antoine's song p. 33. And guess which child has a name composed of two music notes.

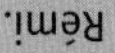

Rémi.

Le sais-tu ?

In France, schools organise a class photo every year. Parents can then buy and display it at home and students keep them as a souvenir.

On révise ?

GRAMMAIRE

LES VERBES IRRÉGULIERS

You already know that most verbs end with "ER", like "parler". Some verbs are irregular like *être* (to be), *avoir* (to have), *faire* (to do/to make) and *aller* (to go). They are very useful: learn them!

Pronoms	Être	Avoir	Faire	Aller
Je/j'	suis	ai	fais	vais
Tu	es	as	fais	vas
Il/elle/on	est	a	fait	va
Nous	sommes	avons	faisons	allons
Vous	êtes	avez	faites	allez
Ils/elles	sont	ont	font	vont

Note: "Je" becomes "j'" when followed by a vowel (a, e, i, o, u, y).

Most of French sentences have on two foundations (or "legs"): subject + conjugated verb.

Exemples :

J'adore le foot !
Je fais de la guitare.

Il parle arabe.
J'ai dix ans.

Nous habitons à Toulouse.
Je vais m'entraîner.

DÉFI

Rayan now juggles better: count with him!

1	un	6	six
2	deux	7	sept
3	trois	8	huit
4	quatre	9	neuf
5	cinq	10	dix

JEU

QUI EST L'INTRUS ?

Try to find the odd word out in these lists:

1. rock / classique / chat / pop / rap
2. allemand / anglais / français / rouge / coréen
3. j'aime / je parle / je préfère / j'adore / je déteste

1. Chat / 2. Rouge / 3. Je parle.

JEU

CHERCHE ET TROUVE

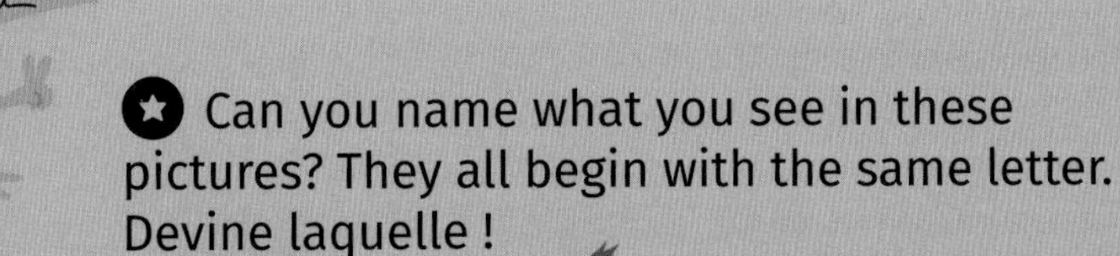

Can you name what you see in these pictures? They all begin with the same letter. Devine laquelle !

1 2 3 4

1. Chat / 2. Chaise / 3. Courir / 4. Colle. Réponse : la lettre C.

Tu donnes ta langue au chat ?

Don't worry! If you can't do all the exercises, vocabulary and grammar will be repeated multiple times on the following pages. Keep on listening and repeating the audios to practise your accent and to learn how to read in English!

4 Le Nouvel An avec des amis

It is winter in Toulouse! The family is preparing the house for Christmas when they receive a special invitation to a New Year's Eve party!

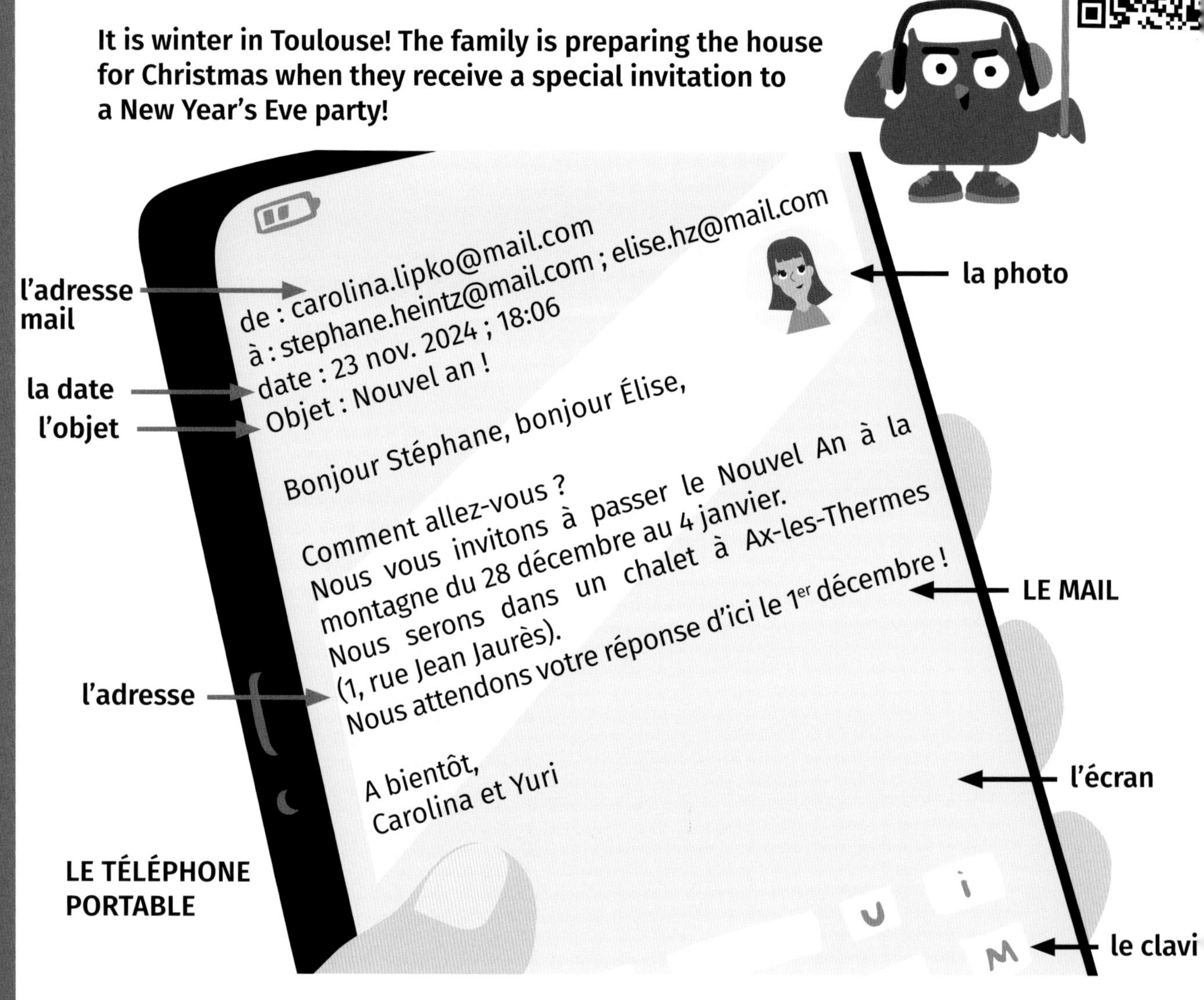

Hello Stéphane, hello Élise,
How are you?
We would like to invite you to spend New Year's Eve with us in the mountains from the 28th December to 4th January. We will be in a cabin at Ax-Les-Thermes (1, Jean Jaurès Street).
Please reply before the 1st of December!
Cheers,
Carolina and Yuri

BD

Panel 2, Mummy says: "Super!"
Panel 3, Ludivine says: "Great!"

DIALOGUE

Le papa (Stéphane) : Les Lipko nous invitent à la montagne pour le Nouvel An !

La maman (Élise) : Super! Où ça? Dans les Alpes? Et pour combien de temps?

Le papa : Non, dans les Pyrénées, pour une semaine.

Ludivine : Génial ! Il y aura Natacha, c'est ma meilleure copine !
On va prendre une voiture ?

Le papa : Non, on prendra le train jusqu'à Ax-les-Thermes.

Ludivine : Et comment on va aller de la maison à la gare ?

Antoine : En hélicoptère...

La maman : Ah ah ! Mais non ! On prendra le bus et le métro !

Daddy (Stéphane) : The Lipkos are inviting us to go to the mountains for New Year!
Mummy (Élise) : Great! Where? In the Alps? For how long?
Daddy: No, in the Pyrenees, for one week.
Ludivine: Amazing! Natacha will be there, she is my best friend! Are we going to take a car?
Daddy: No, we will take the train to Ax-Les-Thermes.
Ludivine: And how are we supposed to go from the house to the train station?
Antoine: By helicopter...
Mummy: Ha ha! No, we will take the bus and the metro!

Le réveillon

Le sais-tu ?

Antoine and Ludivine's parents don't own a car: they prefer car-sharing!
In 2021, more than 11,000 vehicles were shared in France, for around 294,000 people. Car-sharing is increasingly popular in France. The aim is to reduce the number of cars and carparks since one shared car replaces between five and eight individual vehicles.

GRAMMAIRE

LES DÉTERMINANTS

Small words, big meaning!

Observe : **la** fête ; **le** Nouvel An ; **les** amis ; **ma** maîtresse ; **notre** directrice ; **le** foot ; **un** tuto.

In French, names always have a companion: the determiner or "déterminant". It can be feminine (la, une, ma, ta, sa,...) or masculine (le, un, mon, ton, son...), singular or plural (les, des, mes, tes, ses...).

Determinants are small but VERY important. Each one has a special meaning.

When you learn a new word, you have to remember the gender of the noun: masculine (le/un) or feminine (la/une).

VOCABULAIRE

★ Read this sentence aloud, matching the words with the pictures. Then listen to the audio.

Il y a 11 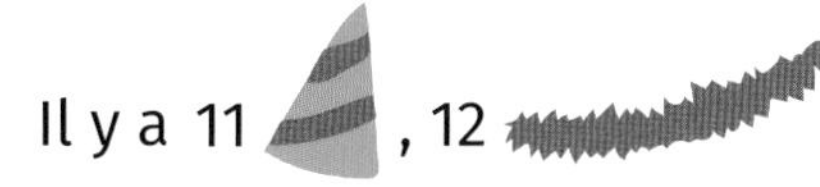 , 12 , 13 , 14 , 15 , 16 , 17 , 18 et 19 .

Il y a 11 chapeaux, 12 guirlandes, 13 cuillères, 14 verres, 15 fourchettes, 16 couteaux, 17 bougies, 18 petits-fours et 19 confettis.

Le sais-tu ?

"Mettre les petits plats dans les grands" literally means "to put small dishes into big ones". The expression means that the host or the hostess goes to a lot of trouble to provide delicious food that is delightfully presented to the guests.

Les vacances : ça roule !

DÉFI

Repeat as fast as you can:

C'est trop tard pour le tram 33 !

JEU

DEVINE !

The party is over! Let's tidy up! Can you name, with their determiners ("déterminants"), the objects in the box and in the sink?

l'évier

la boîte

Dans l'évier : un couteau, une fourchette, un verre, une cuillère.
Dans la boîte : des cotillons, des guirlandes, des chapeaux, des bougies.

JEU

VRAI OU FAUX ?

1. La famille est invitée du 26 décembre au 1er janvier.
2. La famille va aller dans les Pyrénées en hélicoptère.
3. Natacha est la meilleure copine de Ludivine.

1F / 2F / 3V.

BD

Panel 1, Ludivine says: "Eigthy, ninety, one hundred!"
Panel 2, Ludivine says: "Shall we play?"
Panel 3, Antoine says: "Ahhhhh! It's slippery!"

DIALOGUE

Ludivine : 10, 20, 30, 40, 50, 60, 70, 80, 90, 100 ! J'ai eu 100 billes à Noël !

Natacha : On joue ?

Antoine : Ça roule, les filles ? Ahhhhh ! Ça glisse !

Ludivine: I had 100 marbles for Christmas!
Natacha: Shall we play?
Antoine: How's it going girls? Ahhhhh! It's slippery!

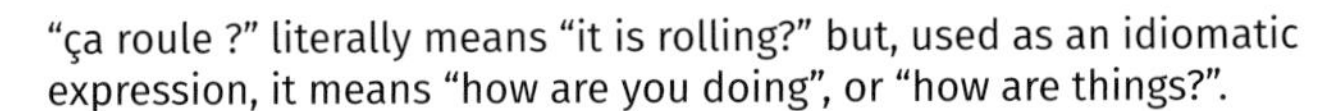

"ça roule ?" literally means "it is rolling?" but, used as an idiomatic expression, it means "how are you doing", or "how are things?".

Le sais-tu ?

Several mountain ranges border France: the Alps, the Pyrenees, the Jura and the Vosges. In the center, the Massif Central is made up of ancient volcanoes. Fortunately, they are now extinct!

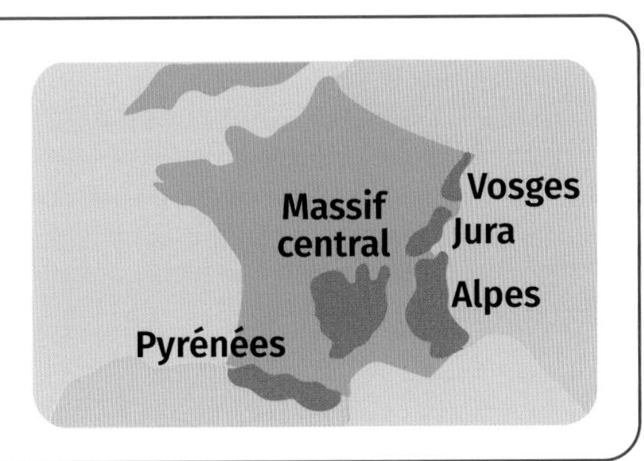

Bonne année !

GRAMMAIRE

LE FUTUR PROCHE

Verbe aller + infinitif = near future / futur proche

Sometimes, the present of "aller" can be used to indicate the near future.

Exemple : On va prendre une voiture ?

JEU

DEVINE ! Que vont-ils faire ?

1 2 3 4

1. Il va jouer de la guitare. / 2. Elles vont jouer aux billes. / 3. Ils vont danser. / 4. Elle va dormir.

À toi de parler !

Et toi, avec qui vas-tu passer tes vacances ?
Qu'est-ce que tu vas faire ?

CHANSON

AU CLAIR DE LA LUNE

Oops, no more light in the cabin!

The children sing:

"Au clair de la lune, mon ami Pierrot,

Prête-moi ta plume, pour écrire un mot,

Ma chandelle est morte, je n'ai plus de feu,

Ouvre-moi ta porte, pour l'amour de Dieu."

By the light of the moon, my friend Pierrot,
Lend me your pen, to write a word,
My candle is out, I have no more light,
Open your door for me, for the love of God.

Le sais-tu ?

In France, 1st January is called "le jour de l'an" ("the day of the year"). Traditionally, people make resolutions concerning their lives, their habits or their health. This is called "la tradition des bonnes résolutions".

DÉFI

Repeat as fast as you can:

La nuit, le bruit nuit.

At night, noise is a nuisance.

5 J'ai un rhume

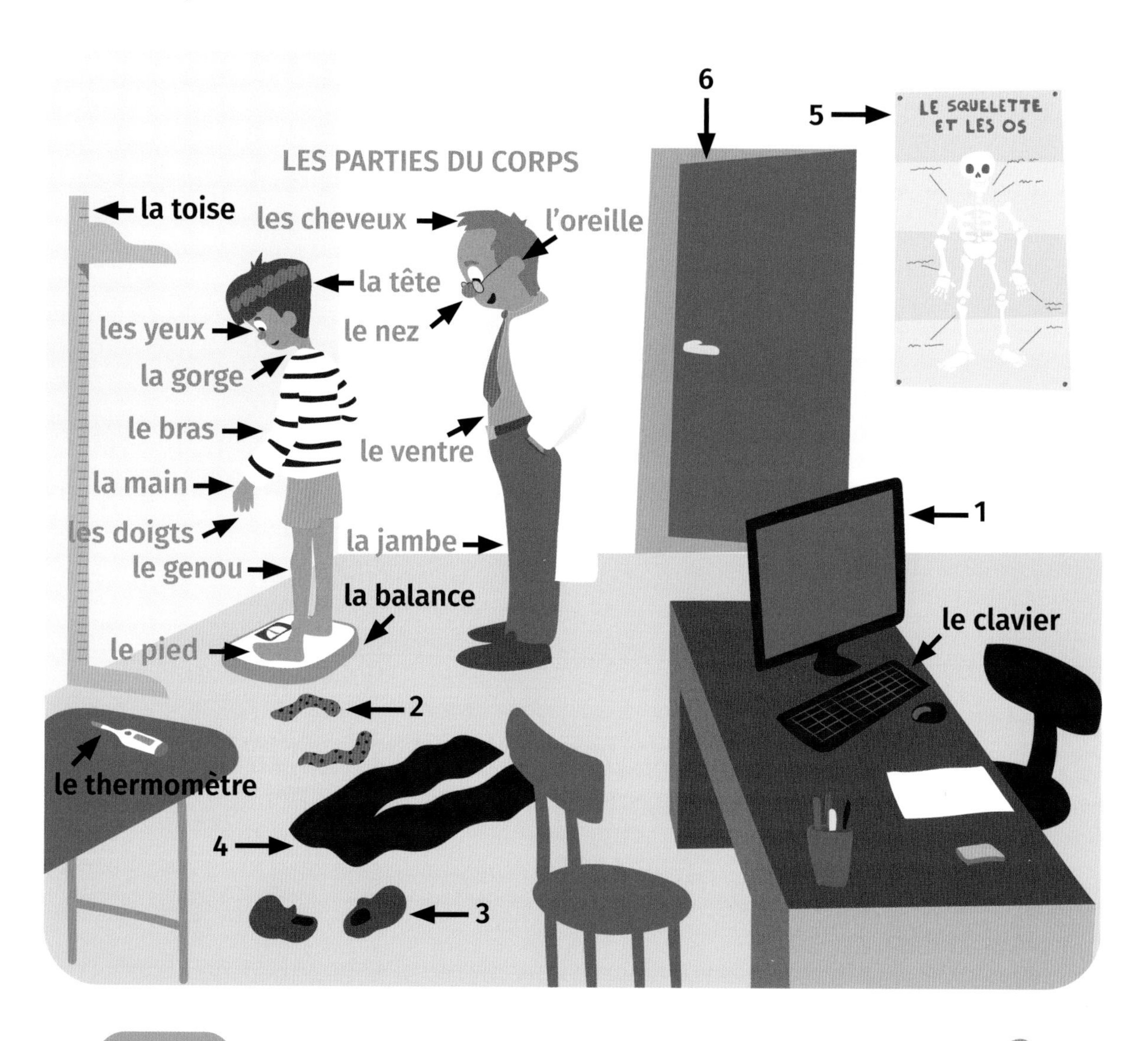

JEU

CHERCHE ET TROUVE

There are 6 objects marked by an arrow that you already discovered in previous lessons. Can you name them? Do you remember their determiners?

1. L'ordinateur / 2. La chaussette / 3. La chaussure / 4. Le pantalon / 5. L'affiche / 6. La porte.

BD

Panel 2, Antoine says: "I have a headache!"
Panel 3, Mummy says: "You are very pale!"

DIALOGUE

Antoine : Maman, j'ai le nez qui coule, la gorge qui gratte et j'ai mal à la tête !

La maman (Élise) : Tu as un rhume ? Tu es tout pâle !

Antoine : Oui, j'ai aussi mal au ventre, aux oreilles...

La maman : Tu as peut-être besoin d'une recette spéciale pour te soigner : 100 g de bon repas, 200 g de dessert, 300 g de série... ?

Antoine : Je peux aller chez le médecin, plutôt ?

Antoine: Mummy, my nose is running, my throat itches and I have a headache!
Mummy (Élise) : Have you caught a cold? You are very pale!
Antoine: Yes, and I have a stomach ache and an earache...
Mummy: Maybe you need a special recipe to treat yourself: 100g of a good meal, 200g of dessert, 300g of TV shows...
Antoine: Could I go to the doctor instead?

JEU

VRAI OU FAUX ?

1. Antoine et sa maman vont prendre le bus.
2. La maman d'Antoine a mal à la tête.
3. Antoine veut aller chez le médecin.

1F (ils vont prendre le métro.) / 2F / 3V.

Aïe aïe aïe !

JEU

CHERCHE ET TROUVE

✪ Ouch! The escalator stopped suddenly! Everybody fell down and was hurt. Match the right sentence with the right person.

A3 / B4 / C2 / D5 / E1.

VOCABULAIRE

LES POSITIONS

JEU

VRAI OU FAUX ?

1. La dame qui a les yeux noirs est assise.
2. Le monsieur qui porte un pantalon blanc est debout.
3. La fille qui a les cheveux courts est allongée.
4. Le garçon qui a un sac de sport est debout.
5. La personne qui a la grippe est à genoux.

1V / 2F / 3F / 4V / 5F.

DÉFI

Répète le plus vite possible !
(From now on, these instructions will be in French.)

Angèle et Gilles en gilet jaune gèlent.

Angèle and Gilles are freezing in their yellow cardigans.

JEU

CHERCHE ET TROUVE

★ Match the clothes with the body parts.

A

B

C

Un bonnet

D

Des gants

1. Les mains.
2. La tête.
3. Les pieds.
4. Les jambes.

A4 / B3 / C2 / D1.

Chez le médecin

BD

Panel 1, Mummy says: "We are on time."
Panel 2, the doctor says: "It is your turn."
Panel 3, the doctor says: "Here you are!"

DIALOGUE

La maman (Élise) : Il est 11 h 30 pile : on est à l'heure pour le rendez-vous !

Le docteur : Antoine, c'est à toi. Alors, qu'est-ce qu'il t'arrive ?

Antoine : Je ne me sens pas bien. J'ai mal à la gorge et je suis très fatigué.

Le docteur : Allonge-toi. Je vais t'ausculter. Inspire. Expire. Tousse ! Tu n'as pas de fièvre. Tu as juste un gros rhume et besoin de repos. Voilà une ordonnance. Tu prendras ces médicaments et tu te coucheras tôt pendant trois jours !

Mummy (Élise) : It's 11:30 on the dot: we are on time for the appointment!
The doctor: Antoine, it's your turn. Tell me, what's happened to you?
Antoine: I don't feel well. I have a sore throat hurts and I am very tired.
The doctor: Lie down. I'll examine you. Breathe in. Breathe out. Cough. You don't have a fever. You just have a bad cold and you need to rest. Here is a prescription. You will take these medicines and go to bed early for three days!

VOCABULAIRE

PONCTUEL ?

Le rendez-vous chez le médecin est à 11 h 30. À 11 h 15, Antoine et sa maman sont **en avance**. À 11 h 30, ils sont **à l'heure**. À 11 h 45, ils sont **en retard** !

En avance

En retard

JEU

LES PARTIES DU CORPS

✪ Complete the following sentences. First guess the action and then match it with the body part. Exemple : Pour apprendre le français, on utilise la tête. To learn French, you use your head.

1. Danser / Le corps / 2. Courir / Les pieds / 3. Lancer / Les mains / 4. Jouer de la guitare / Les doigts / 5. Écouter de la musique / Les oreilles.

Le sais-tu ?

French doctors were once known for their bad handwriting. That's probably because they have to study hard for a long time, between 9 and 12 years! Fortunately, prescriptions are now printed, so pharmacists no longer have to decipher their spidery handwriting.

Ça va mieux ?

JEU

LÉON OU GASTON ?

★ Rebuild the following sentences and guess who is speaking.
Exemple : bien. Je vais pas ne > Je ne vais pas bien. (Gaston)

1. gorge La gratte. me
2. malade. suis pas Je ne
3. Je forme. suis pas ne en
4. nez pas n'ai le qui coule. Je
5. pas au mal Je ventre. n'ai

Léon

Gaston

Tool : *"Sujet +* ***ne*** *+ verbe +* ***pas****" is used for negative sentences.*
*"****Ne****" becomes "****n'****" when followed by a vowel.*
Exemple : Je ***n'ai pas*** *mal à la tête.*

Gaston : 1. La gorge me gratte. / 3. Je ne suis pas en forme.
Léon : 2. Je ne suis pas malade. / 4. Je n'ai pas le nez qui coule. / 5. Je n'ai pas mal au ventre.

GRAMMAIRE

LE FUTUR SIMPLE

This tense is used to talk about a future action.
For most verbs that end with "ER", add : ai, ais, a, ons, ez, ont.

Exemples : Manger > Je **manger**ai
Parler > Tu **parler**as
Jouer > Il/elle/on **jouer**a
Danser > Nous **danser**ons
Porter > Vous **porter**ez
Habiter > Ils/elles **habiter**ont

Other verbs are irregular.

Avoir > Il y **aura** Natacha.
Être > Quand tu **seras** malade, tu prendras ces médicaments.
You will have to become familiar with these!

JEU

COMMENT TE SENS-TU ? ✪ Je me sens...

A	W	S	T	R	E	S	S	É
Z	S	U	R	P	R	I	S	N
F	A	T	I	G	U	É	H	E
T	U	R	S	T	E	N	Q	R
C	O	N	T	E	N	T	Y	V
V	I	E	E	P	E	O	V	É

surpris
content
triste
fatigué
énervé
stressé

CHANSON

JEAN PETIT QUI DANSE

Antoine feels better so he's singing. Can you sing with him?

Jean petit qui danse
Jean petit qui danse
De son doigt il danse
De son doigt il danse
De son doigt doigt doigt
Ainsi danse Jean Petit.

Jean petit qui danse
Jean petit qui danse
De sa main il danse
De sa main il danse
De sa main main main
De son doigt doigt doigt
Ainsi danse Jean Petit.
(...)

Little Jean is dancing,
Little Jean is dancing,
With his finger he's dancing,
With his finger he's dancing,
With his finger – ger – ger
Thus dances Little Jean.

Little Jean is dancing,
Little Jean is dancing,
With his hand he's dancing,
With his hand he's dancing,
With his hand hand hand
With his finger – ger – ger
Thus dances Little Jean.
(...)

6 On fait des crêpes

VOCABULAIRE

LES FORMES

La brique de lait est **rectangulaire**.

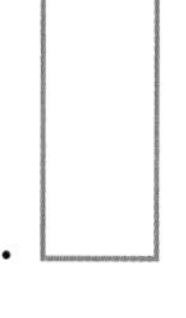

La poêle est **ronde**.

La plaque de cuisson est **carrée**.

L'œuf est **ovale**.

BD

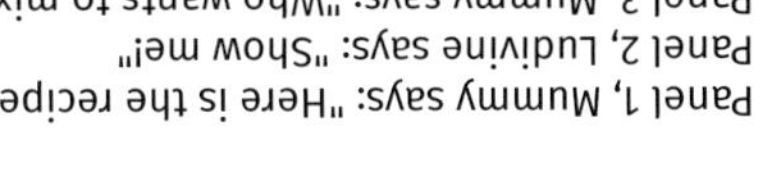

DIALOGUE

Antoine : C'est la Chandeleur, on fait des crêpes ?

La maman (Élise) : Oui, bien sûr !

Ludivine : Pour faire des crêpes, il faut de la farine, du lait, des œufs et une pincée de sel. On met quelle quantité de farine ?

La maman : 250 grammes.

Antoine : Après, il faut un demi-litre de lait.

Ludivine : Et combien d'œufs ? Fais voir la recette. Ah, trois œufs.

La maman : C'est parti ! Qui mélange avec le fouet ?

Antoine: It's Candlemas. Shall we make pancakes?
Mummy (Élise) : Yes, of course!
Ludivine: To make pancakes, you need flour, milk, eggs and a pinch of salt. How much flour should we use?
Mummy: 250 grams.
Antoine: Then, we need half a litre of milk.
Ludivine: And how many eggs? Let me see the recipe. Oh, three eggs.
Mummy: Let's go! Who wants to mix with the whisk?

GRAMMAIRE

LE PRONOM « ON »

Observe:
« **On** fait des crêpes. » **->** Here, "on" is used to replace "nous".
« **On** met quelle quantité ? » **->** Here, "on" is used for general information.
Verbs conjugated with "on" behave in the same way as with "il" and "elle".

Les gourmands !

VOCABULAIRE

La farine est **à gauche** des œufs.

Le tiroir est **sous** la table.

Les œufs sont **sur** la table, **entre** la farine et le sel.

Le sel est **à droite** des œufs.

La chaise est **à côté** de la table.

DÉFI

Répète aussi vite que possible !

Les yeux bleus pleurent sur les œufs.

Repeat as fast as you can:
Blue eyes cry on eggs.

JEU

VRAI OU FAUX ?

★ Look at the pictures from the last two pages and correct the sentence if it is wrong.

1. La maman est assise sur une chaise et elle porte une robe courte.
2. Antoine est debout et il est content.
3. Ludivine est à genoux et elle est triste.
4. Antoine est à gauche de la table.
5. Le chat est allongé sur la table.

1F : La maman est debout et elle porte une robe longue. / 2V / 3F : Ludivine est à genoux et elle est contente. / 4V / 5F : Le chat est allongé sous la table.

GRAMMAIRE

LES DÉTERMINANTS

You already know different forms of determiners.

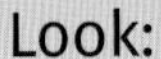

Look:
"Il faut **le** fouet." -> Here, the determiner express **a precise object**. The family has only one whisk.
"On va utiliser **une** fourchette et **un** saladier." -> Here, the determiners express **imprecision**. The family has various forks and bowls.
"Il faut **de la** farine, **des** œufs, **du** lait." -> Here, the determiners express **quantity**.
"Tu aimes le gâteau **au** chocolat ou **à la** vanille ?" -> Here, the determiners provide **precision**.

Have you noticed that after the prepositions "à" and "de", the determiner becomes "au" and "du" when it's masculine?

JEU

RETROUVE LES CRÊPES !

A

B

C

D

★ Complète les phrases et trouve quel enfant parle.

1. J'.......... les crêpes ...... chocolat.
2. J'.......... les crêpes ...... sucre.
3. Je n'.......... pas les crêpes mais j'.......... le .... !
4. J'aime les crêpes .... confiture de fraises.

Complete the sentences and find which child is speaking. A1. J'aime les crêpes au chocolat. / B4. J'aime les crêpes à la confiture de fraises. / C2. J'aime les crêpes au sucre. / D3. Je n'aime pas les crêpes mais j'aime le sirop d'érable !

Trop de crêpes ? Impossible !

BD

Panel 1, Ludivine says: "I've put too much flour in."
Panel 2, Antoine says: "Great!"
Panel 3, Mummy: "We'll make more pancakes."

DIALOGUE

Ludivine : Oups ! J'ai mis trop de farine dans la pâte !

Antoine : Chouette, on va avoir plein de crêpes !

La maman (Élise) : Tu en as mis quelle quantité ?

Ludivine : 350 grammes.

La maman : Ah, oui, c'est beaucoup. On va ajouter du lait et un œuf. Oups, cette fois j'ai mis trop de lait dans la pâte ! C'est pas de bol !

Ludivine: Oops! I've put too much flour in!
Antoine: Great, we'll have plenty of pancakes!
Mummy (Élise) : How much did you put in?
Ludivine: 350 grams.
Mummy: Yes, that's actually a lot. We can add some milk and one egg.
Oops! I've put too much milk in this time! Bad luck!

Le sais-tu ?

More than 75 regional languages are spoken in France and its overseas territories. They include Breton, Alsatian, Occitan, Basque, and Futunian. Each region also has its own culinary specialities. For example, pancakes come from Brittany, or "la Bretagne", in northwestern France.

JEU

DRÔLE DE MAISON

Look at the pictures and make one or more sentences to describe the situation using one of these adverbs: **trop de** (too many), **pas assez de** (not enough), **peu de** (not much), **beaucoup de** (many), **plus de** (no more).

Le salon

La cuisine

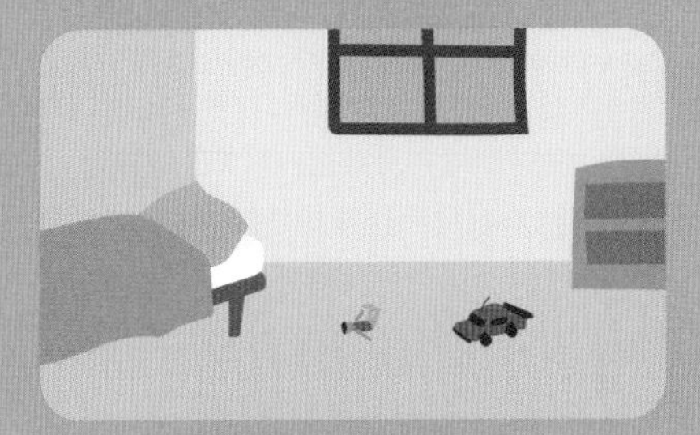

La chambre

Les toilettes

La salle de bain

Dans le salon, il y a beaucoup de canapés.
Dans la cuisine, il n'y a pas assez de chaises.
Dans la chambre, il y a peu / il n'y a pas assez de jouets.
Dans les toilettes, il n'y a plus de papier-toilette.
Dans la salle de bain, il y a beaucoup / trop de bouteilles de shampoing.

Bon appétit !

JEU

POSER DES QUESTIONS

Lilas

Grégoire

★ Find the three questions you need to ask Lilas and Grégoire about their own recipes.

une pomme

une banane

un kiwi

1. Combien faut-il d'œufs ?
2. Est-ce que tu mets des kiwis ?
3. On met quelle quantité de farine ?
4. Comment tu coupes les pommes ?
5. Est-ce qu'il faut mettre un peu de sucre ?
6. Combien de grammes de sucre mets-tu ?

Lilas : 2, 4, 5. Grégoire : 1, 3, 6.

JEU

VRAI OU FAUX ?

★ Look at the two pictures above and say whether these sentences are right or wrong.

1. Lilas fait un gâteau.
2. Grégoire coupe des pommes.
3. Lilas met des kiwis dans sa salade de fruits.
4. Grégoire utilise des œufs.

1F / 2F / 3V / 4V.

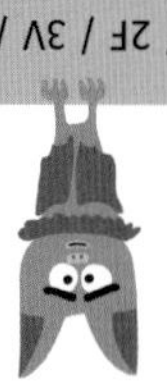

RECETTE

LA PÂTE À CRÊPES

Ingrédients

- 250 g (grammes) de farine
- 1/2 l (un demi-litre) de lait
- 3 œufs
- 1 pincée de sel
- 50 g (grammes) de beurre fondu

1. Verser la farine dans un saladier.
2. Faire un puits au centre et y casser les œufs.
3. Ajouter une pincée de sel.
4. Mélanger avec le fouet en ajoutant le lait au fur et à mesure pour obtenir une pâte homogène.
5. Ajouter le beurre fondu.
6. Le secret de grand-mère : ajouter une cc (cuillère à café) d'eau de fleur d'oranger.

PANCAKE BATTER
Ingredients
- 2 cups of flour
- 2 cups of milk
- 3 eggs
- 1 pinch of salt
- 3 ½ tablespoons of melted butter

Pour the flour into a bowl. Make a well in the centre and break the eggs into it.
Add a pinch of salt. Mix with a whisk while adding the milk gradually to obtain a smooth batter.
Add the melted butter.
Grandma's secret: add a teaspoon of orange blossom water.

Le sais-tu ?

In France, we use a tall graduated glass, called a "verre doseur", to measure ingredients when cooking. Each graduated line measures a different ingredient.

#2 On révise ?

JEU

APRÈS LA FÊTE

★ Réponds aux questions.

1. Combien y a-t-il de joueurs de cartes ?
2. Comment est habillée la maman de Ludivine ?
3. Qui est allongé dans le lit ?
4. Est-ce que Natacha est debout ?
5. Carolina est-elle sous le canapé ?

1. Il y a 4 joueurs de cartes. / 2. Elle porte une robe verte. / 3. Ludivine est allongée dans le lit. / 4. Non, Natacha n'est pas debout, elle est à genoux. / 5. Non, Carolina est sur le canapé.

GRAMMAIRE

LES DÉTERMINANTS

Remember the examples of the different forms of determiners. Use them in the following game!

Masculin	Féminin	Pluriel
le	la	les
un	une	des
du	de la	des
au	à la	aux

JEU

PHRASES À TROUS

★ Complete the sentences.

1. Caroline mange .... crêpes .... confiture de fraises.
2. Ludivine a mal .... gorge, ... ventre et .... oreilles.
3. Pour faire un gâteau, il faut .... farine, ... œufs, ... beurre et .... sucre.
4. Nous allons .... montagne.

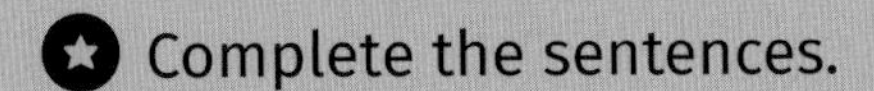

1. des crêpes à la confiture / 2. à la gorge, au ventre et aux oreilles / 3. de la farine, des œufs, du beurre et du sucre / 4. à la montagne.

JEU

QUI EST L'INTRUS?

★ Try to find the odd word out in these lists.

1. Le dos / la gorge / le genou / la guirlande.
2. La fourchette / le thermomètre / le couteau / la cuillère.
3. Le train / le mail / la voiture / l'hélicoptère.

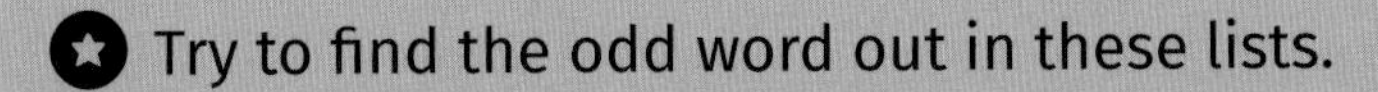

1. La guirlande / 2. Le thermomètre / 3. Le mail.

On révise ?

JEU

DESCRIPTION

❶ Describe these characters...

Marie

Marc

Jules et Julie

1. Marie est grande. Elle a les cheveux bruns et les yeux marron. Elle porte une robe longue. Elle a les cheveux courts. Elle est stressée. Elle est (peut-être) en retard. Elle est debout dans un tramway.
2. Marc est petit. Il porte un T-shirt rayé jaune et bleu et une veste noire. Il est assis sur un banc, à gauche d'une voiture. Il est content.
3. Jules et Julie portent des habits noirs. Ils jouent de la guitare et de la trompette. Ils sont dans la rue en train de jouer. Ils sont énervés.

Here are some possi
descriptions, but th
might be many othe

JEU

VRAI OU FAUX ?

1. Marie est blonde.
2. Marc est triste.
3. Jules et Julie jouent de la musique.

1F / 2F / 3V.

JEU

LE TEMPS DES VACANCES

★ Complete the following message using the verb "aller" in present tense to express the future.

Salut Rayan !

Super, c'est enfin les vacances !

1. On .... aller à la montagne en train.
2. Je .... jouer de la guitare.
3. Ludivine et Natacha .... dormir dans la même chambre.
4. Nous .... faire la fête avec nos parents.
5. On .... manger des crêpes tous les jours.

À bientôt !

Antoine

1. va / 2. vais / 3. vont / 4. allons / 5. va.

JEU

REMETS DANS L'ORDRE

★ This pancake recipe is mixed up! Put the sentences in the right order to complete the recipe.

1. œufs Casser les et lait. le verser
2. Verser farine. la
3. fouet. Mélanger le avec

1. Verser la farine. / 2. Casser les œufs et verser le lait. / 3. Mélanger avec le fouet.

Great job! You already know a lot of words and you can form complete sentences. Remember, you can play the games and read the corrections as many times as you want. Don't hesitate to go back and forth between previous chapters when needed. And don't forget: corrections are part of the learning process! Kiki always enjoys seeing you!

7 Les courses en ville

VOCABULAIRE

BD

Panel 1, Mummy and daddy say: "Hello!"
Panel 2, Daddy says: "Everything is fine!"
Panel 3, Mummy says: "See you tomorrow!"

DIALOGUE

Le papa (Stéphane) : Allô !

La maman (Élise) : Allô ! Ça va ? Qu'est-ce que vous avez fait hier soir ?

Le papa : Tout va bien ! Hier soir, on est allés au centre-ville acheter de nouvelles chaussures pour Antoine. On a pris le métro car il pleuvait. Ludivine a acheté un manga à la librairie.

La maman : Ah oui ! Elle adore. Elle en a déjà emprunté 46 à la bibliothèque !

Le papa : Finalement, on est rentrés à pied car il faisait beau. Bon, je te laisse, je vais aller faire le repas et coucher les enfants.

La maman : Bonne soirée ! À demain !

Le papa : À demain !

Daddy (Stéphane): Hello!
Mummy (Élise): Hello? How are you? What did you do yesterday evening?
Daddy: We are fine! Yesterday evening we went downtown to buy shoes for Antoine. We took the metro because it was raining. Ludivine bought a manga at the bookshop.
Mummy: Oh yes, she loves them. She has already borrowed 46 at the library!
Daddy: And then we came back on foot because the weather was fine. Alright, I'll hang up, as I am going to make dinner and put the children to bed.
Mummy: Have a nice evening, see you tomorrow!
Daddy: See you tomorrow!

On a déjà fait les courses !

GRAMMAIRE

LE PASSÉ COMPOSÉ

Do you remember the verbs "être" et "avoir" ? (p. 36)
To build the past tense called "passé composé" you need "être" or "avoir" + the past participle ("participe passé") of the verb you are using. With "être", pay attention to agreements!

AVOIR	PARTICIPE PASSÉ	EXEMPLES
J'ai	mangé	J'**ai mangé** une crêpe.
Tu as	couru	Tu **as couru** très vite.
Il/elle/on a	vu	Il **a vu** le chat ?
Nous avons	pris	Nous **avons pris** le métro.
Vous avez	fait	Qu'est-ce que vous **avez fait** hier ?
Ils/elles ont	emprunté	Elles **ont emprunté** des mangas.

ÊTRE	PARTICIPE PASSÉ		EXEMPLES
	MASCULIN SINGULIER	**FÉMININ SINGULIER**	
Je suis	allé	allée	Ludivine : « Je **suis allée** en ville. »
Tu es	venu	venue	Papa, tu **es venu** en train ?
Il/elle/on est	parti	partie	Elle **est partie** au supermarché.
	MASCULIN PLURIEL	**FÉMININ PLURIEL**	
Nous sommes	invités	invitées	Mes parents et moi, nous **sommes invités** dans les Alpes.
Vous êtes	partis	parties	Vous **êtes parties** tard, les filles.
Ils/elles sont	rentrés	rentrées	Ils **sont rentrés** tôt.

JEU

VRAI OU FAUX ?

1. Élise n’a pas téléphoné à Stéphane.
2. Antoine a de nouvelles chaussures.
3. Stéphane a lu 46 mangas.
4. Ludivine est allée à la librairie.

1F / 2V / 3F / 4V.

Le sais-tu ?

France has nearly 35,000 *communes* (municipalities), 101 *départements* (administrative areas) and 18 *régions* (regions). Thirteen of these regions are in mainland France and five are overseas territories.

JEU

VRAI OU FAUX ?

★ Here is Élise’s schedule for the week.

LUNDI	MARDI	MERCREDI	JEUDI	VENDREDI	SAMEDI	DIMANCHE
KINÉ	8H: AVION HÔTEL	LILLE CHEZ AURÉLIE ET LUCIEN		CINÉMA CLASSE POUR LUDIVINE		FÊTE DES MÈRES

1. Lundi, Élise a eu rendez-vous chez le kiné.
2. Elle est allée à Lille de mardi à jeudi.
3. Elle a pris le train pour aller à Lille.
4. Mercredi, elle a dormi dans un hôtel.
5. Vendredi, elle est allée au cinéma.

1V / 2V / 3F / 4F / 5V.

Combien ça coûte ?

BD

Panel 1, Ludivine says: "Hello!"
Panel 2, the shop assistant says: "7.30 euros, please.
Panel 3, Ludivine says: Thank you. Goodbye!"

DIALOGUE

Ludivine : Bonjour, je voudrais ce manga. C'est combien ?

Le libraire : 7, 30 €, s'il vous plaît !

Ludivine : Voilà, monsieur. Merci. Au revoir !

Ludivine: Good afternoon, I'd like this manga. How much is it?
Le libraire: €7.30 please.
Ludivine: Here you are, sir. Thank you. Goodbye!

JEU

DANS QUEL MAGASIN ?

★ In which shop can you buy the following articles?
Des crampons, une trompette, un violon, un sac de sport, une raquette, un livre, un maillot, des crayons, une trousse.

★ Make sentences based on the example shown.
Exemple : Je peux acheter un ballon dans un magasin de sport.

Le magasin de sport : des crampons, un sac de sport, une raquette, un maillot. Le magasin de musique : un violon, une trompette. La librairie-papeterie : un livre, des crayons, une trousse.

JEU

AU SUPERMARCHÉ, REMPLIS TON PANIER !

Each basket shows the total price for three items. Choose the right items for each basket.

Exemple : Avec 18 euros, j'ai acheté un ballon de basket, des crayons de couleur et un chapeau.

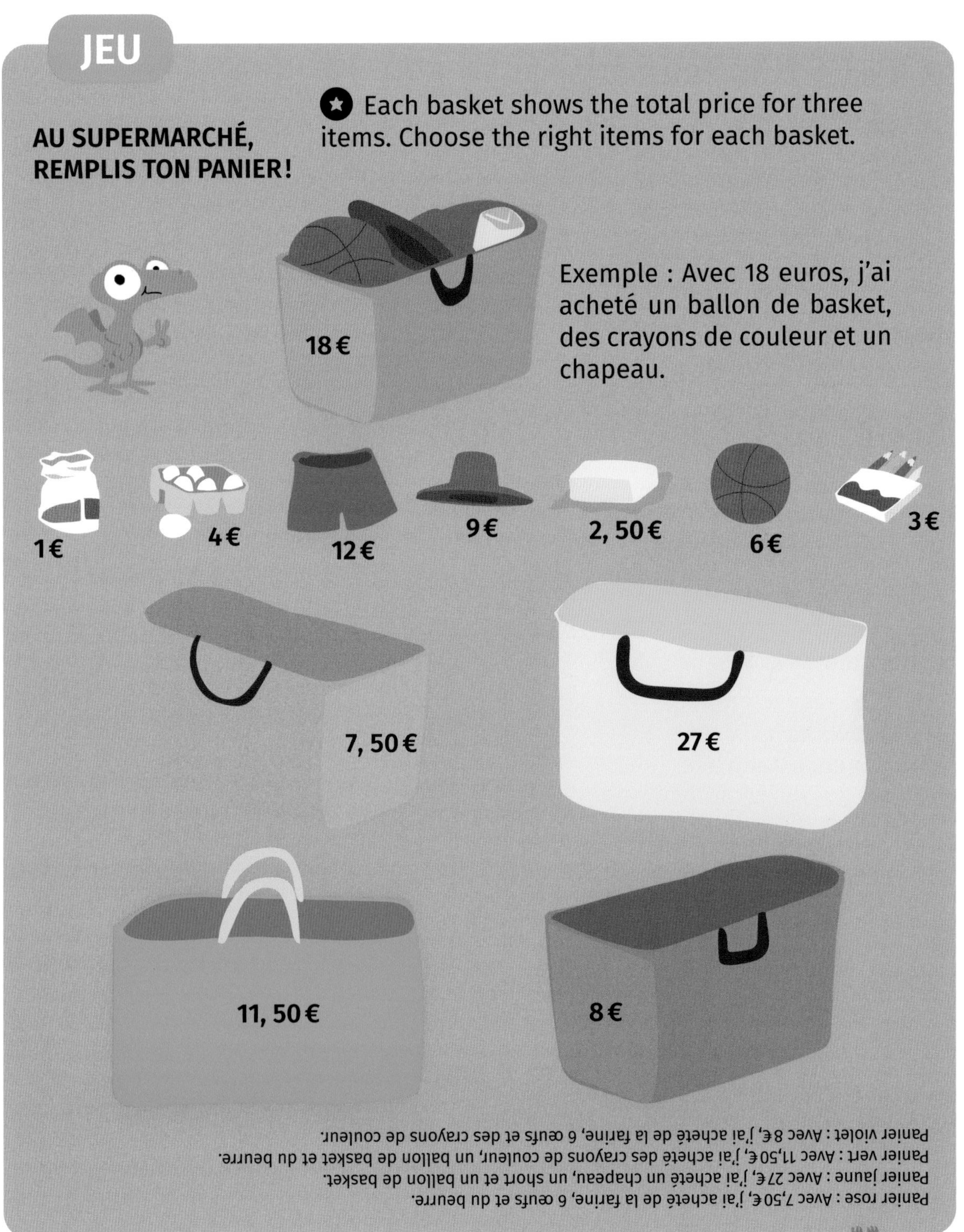

Panier rose : Avec 7,50 €, j'ai acheté de la farine, 6 œufs et du beurre.
Panier jaune : Avec 27 €, j'ai acheté un chapeau, un short et un ballon de basket.
Panier vert : Avec 11,50 €, j'ai acheté des crayons de couleur, un ballon de basket et du beurre.
Panier violet : Avec 8 €, j'ai acheté de la farine, 6 œufs et des crayons de couleur.

Il pleut !

JEU

COMBIEN DE RUES ?

★ Listen to the audio and answer this question: how many streets must Rayan and his father take to get to the metro?

Quatre rues.

À toi de parler !

La musique de la langue

Listen to these sentences:
- As-tu été à Tahiti ?
- Oui, j'ai été à Tahiti !

Can you count the eight syllables of each sentence, while clapping your hands? Listen carefully to the difference of melody between the question and the answer.

Le sais-tu ?

In French, every syllable takes approximately the same time to pronounce and the stress falls at the end of the sentence, unlike English, where unstressed words are often shortened. Don't forget to pronounce small words, such as articles and pronouns, which can be just as important as longer words.

DÉFI

Répète le plus vite possible !

- On a volé votre vilain vélo vert ?
- Oui, on a volé notre vilain vélo vert.

Repeat as fast as you can: Someone stole your ugly green bike? Yes, someone stole our ugly green bike.

CHANSON

LE PETIT PRINCE

Lundi matin, l'empereur, sa femme et le p'tit prince
Sont venus chez moi, pour me serrer la pince
Comme j'étais parti
Le p'tit prince a dit,
Puisque c'est ainsi nous reviendrons mardi

Mardi matin, l'empereur, sa femme et le p'tit prince
Sont venus chez moi, pour me serrer la pince
Comme j'étais parti
Le p'tit prince a dit,
Puisque c'est ainsi nous reviendrons mercredi

Mercredi matin...
Jeudi matin...
Vendredi matin...
Samedi matin...
Dimanche matin...

Monday morning, the Emperor, his wife and the little prince,
came to my home, to shake hands with me,
As I was not home,
The little prince said:
Well, given the situation, we will come back on Tuesday !
Tuesday morning...
Wednesday morning...
Thursday morning...
Friday morning...
Saturday morning...
Sunday morning...

8 Chez papi et mamie

Printemps 1977

hiver 1986

Été 2018

Automne 2022

VOCABULAIRE

NOMBRES

1000 : Mille
2000 : Deux mille
3000 : Trois mille

DATES

1977 : Mille neuf cent soixante-dix-sept
1986 : Mille neuf cent quatre-vingt-six
2018 : Deux mille dix-huit

BD

Panel 1, Sylvie says: "It's understandable!"
Panel 2, Maya asks: "How old was I?"
Panel 3 Élise says: "That was my favourite balaclava."

DIALOGUE

La grand-mère (Sylvie) : Regarde, Bastien, j'ai fait un album photos !

L'oncle (Bastien) : Ah, super !

La cousine (Maya) : Mamie, j'avais quel âge sur cette photo ?

La grand-mère : C'est en 2018, tu avais 3 ans, ma chérie !

La maman (Élise) : Bastien, c'est toi qui avais la cagoule rouge. C'était ma préférée, j'étais jalouse !

La grand-mère : Tu étais si mignonne avec ton bonnet ! Vous alliez faire de la luge !

La cousine : Et là, c'est l'anniversaire de papi ! On était tous là, même Croquette !

L'oncle : Mais il manquait le chat de grand-père... Patate n'est pas sur la photo !

The grandmother (Sylvie): Look, Bastien, I have made a photo album!
The uncle (Bastien): Oh, great!
The cousin (Maya): Grandma, how old was I in this picture?
The grandmother: It is 2018, you were 3 years old, honey!
Mummy (Élise): Bastien, you were the one who had the red balaclava. It was my favourite, I was jealous!
The grandmother: You looked so cute in your wooly hat! You were going sledging!
The cousin: Here is grandad's birthday! We were all there, even Croquette!
The uncle: But grandad's cat was missing... Patate is not in the picture!

VOCABULAIRE

un chapeau

un bonnet

une casquette

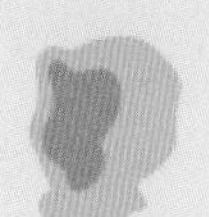
une cagoule

un béret

une couronne de fleurs

Avant, c'était différent !

GRAMMAIRE

L'IMPARFAIT

The imperfect, or "imparfait", is used for past actions that lasted for a long time or that were ongoing or repeated.

PARLER	ÊTRE	AVOIR	FAIRE	ALLER
Je parl**ais**	J'ét**ais**	J'av**ais**	Je fais**ais**	J'all**ais**
Tu parl**ais**	Tu ét**ais**	Tu av**ais**	Tu fais**ais**	Tu all**ais**
Il/elle/on parl**ait**	Il/elle/on ét**ait**	Il/elle/on av**ait**	Il/elle/on fais**ait**	Il/elle/on all**ait**
Nous parl**ions**	Nous ét**ions**	Nous av**ions**	Nous fais**ions**	Nous all**ions**
Vous parl**iez**	Vous ét**iez**	Vous av**iez**	Vous fais**iez**	Vous all**iez**
Ils/elles parl**aient**	Ils/elles ét**aient**	Ils/elles av**aient**	Ils/elles fais**aient**	Ils/elles all**aient**

Le sais-tu ?

French has six written vowels: a, e, i, o, u and y. It also has seven hidden vowels, which are written with a combination of two or three letters as in "**An**t**oi**ne". In all, there are thirteen vowel sounds, some of which can be written in various ways.

DÉFI

Répète aussi vite que possible !

Mon oncle jongle dans un angle avec cinq grands pains ronds !

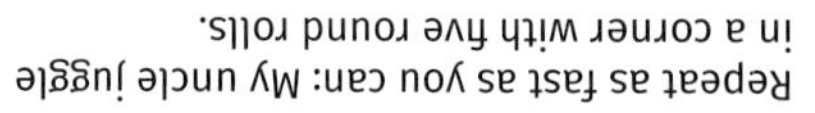

JEU

QUI SUIS-JE ?

★ Complete the following sentences and discover new family words!

Example : Qui est **l'ex-mari de** Sylvie et **le père de** Bastien ? Jean-Luc.

1. Qui est **l'oncle de** Ludivine et Antoine et **le papa de** Nora et Maya ?
2. Qui est **le beau-père de** Bastien et Stéphane et **le père d'**Élise ?
3. Qui est **la maman de** Ludivine et Antoine et **la tante de** Nora et Maya ?
4. Qui est **le père d'**Élise et **le mari de** Sylvie ?
5. Qui est **la belle-mère de** Stéphane et **la mère de** Bastien et Élise ?
6. Qui est **le cousin de** Nora et Maya et **le frère de** Ludivine ?

L'arbre généalogique de la famille

1. Bastien / 2. Omar / 3. Élise / 4. Omar / 5. Sylvie / 6. Antoine.

Une famille entière

BD

Panel 1, Antoine says: "It's grandpa!"
Panel 2, Mummy says: "No, it's Jean-Luc."
Panel 3, Ludivine says: "It's my uncle!"

DIALOGUE

Antoine : C'est papi sur la photo des mariés ?

La maman (Élise) : Non, c'est Jean-Luc, le premier mari de mamie, le papa de Bastien. Mamie s'est mariée en 1977. Bastien est né en 1978. Jean-Luc et mamie ont divorcé en 1979, mamie s'est remariée avec papi en 1980 et je suis née en 1981 ! Tonton Bastien, c'est mon demi-frère !

Ludivine : C'est aussi mon demi-oncle ? Ah non, tonton Bastien, c'est mon oncle en entier !

Antoine: Is that grandad in the wedding photo?
Mummy (Élise): No, that's Jean-Luc, granny's first husband, Bastien's dad.
Granny got married in 1977. She was 22 years old. Bastien was born in 1978.
Jean-Luc and grandma divorced in 1979, grandma remarried grandad in 1980
and I was born in 1981! Uncle Bastien is my half-brother!
Ludivine: Is he my half-uncle too? Oh no, Uncle Bastien is my whole uncle!

Le sais-tu ?

When two people share only one parent, they are called "half-sister" = "demi-sœur" or "half-brother" = "demi-frère". If the father marries again, his new wife is "la belle-mère" (the mother-in-law). And if the mother remarries, her husband becomes "le beau-père" (the father-in-law).

JEU

VRAI OU FAUX ?

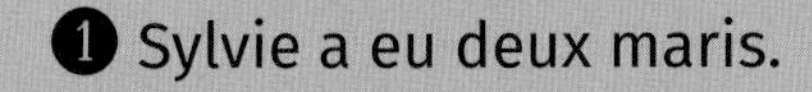

1. Sylvie a eu deux maris.
2. Élise et Bastien sont frère et sœur.
3. Maya avait 3 ans en 2018.
4. Maya est née en 2012.
5. Croquette n'était pas à l'anniversaire de Omar.

1V / 2F. Élise et Bastien sont demi-frère et demi-sœur. / 3V / 4F. Maya est née en 2015. / 5F. Croquette était sur la photo d'anniversaire !

JEU

LA VIE DE MAMIE SYLVIE

★ Can you guess the missing numbers to complete the timeline of Sylvie's life?

★ Dis les dates des événements à haute voix.

0 an	22 ans				
?	?	?	?	?	?
Naissance	**Premier mariage**	**Naissance de Bastien**	**Divorce**	**Deuxième mariage**	**Naissance d'Élise**

1955 / 1977 / 1978 / 1979 / 1980 / 1981.

Balade au village

JEU

ON A PERDU PATATE !

Ludivine and Antoine are looking for Patate, their grandfather's cat. Can you show them the way in French?

Pour trouver Patate, ils doivent aller tout droit, puis tourner à droite. Ensuite, ils doivent marcher jusqu'au bout de la rue, puis tourner de nouveau à droite, après l'église.

POÈME

SENSATION

Arthur Rimbaud

Par les soirs bleus d'été, j'irai dans les sentiers,
Picoté par les blés, fouler l'herbe menue :
Rêveur, j'en sentirai la fraîcheur à mes pieds.
Je laisserai le vent baigner ma tête nue.

Je ne parlerai pas, je ne penserai rien :
Mais l'amour infini me montera dans l'âme,
Et j'irai loin, bien loin, comme un bohémien,
Par la nature, heureux comme avec une femme.

Sensation

*In the blue summer evenings,
I will go along the paths,
And walk over the short grass,
as I am pricked by the wheat:
Daydreaming I will feel the
coolness on my feet.
I will let the wind bathe my bare head.*

*I will not speak, I will have no thoughts:
But infinite love will mount in my soul;
And I will go far, far off, like a gypsy,
Through the country side, joyous as
if I were with a woman.*

9 L'an prochain en sixième

DIALOGUE

Antoine : Maman, qu'est-ce que tu fais ?

Ludivine : Chut ! Elle est en train de remplir le dossier d'inscription pour le collège.

Antoine : Déjà ! Il paraît qu'il y a beaucoup de papiers à remplir...

La maman (Élise) : Ouf, j'ai terminé !

Antoine : On m'a aussi dit que les troisièmes embêtent les sixièmes.

Élise : Ah, on dirait que ça t'inquiète.

Antoine : Non. Euh... oui... ça me fait un peu peur. Et puis je ne sais pas comment m'habiller pour la rentrée au collège ! J'ai entendu dire que c'était super important le premier jour... et j'ai rêvé que j'allais au collège habillé en clown !

Élise : Ça ressemble plutôt à un cauchemar !

Antoine: Mum, what are you doing?
Ludivine: Shh! She's filling in the secondary school admission form.
Antoine: So early! I heard that there were a lot of forms to fill in...
Mummy (Élise): Phew! I've finished!
Antoine: I was also told that fourth-formers bother first-formers.
Mummy: Oh, you seem worried about that.
Antoine: No. Uh... Yes... I'm a bit afraid. And I don't know how to dress for the first day of secondary school. I've heard that it's super important on the first day...and I dreamt I went to school dressed as a clown!
Mummy: That's more like a nightmare!

BD

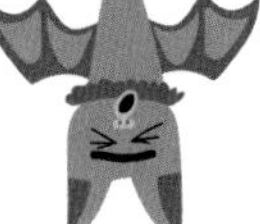

Panel 1, Antoine says: "What are you doing?"
Panel 2, Ludivine says: "Shh!"
Panel 3, Élise says: "Phew! I've finished!"

VOCABULAIRE

Les mesures

La pointure : je chausse du 32.

La taille : je mesure 1,28 mètre.

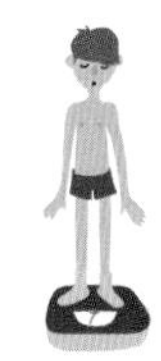

Le poids : je pèse 34 kilogrammes.

JEU

QUI SUIS-JE ?

★ Find the picture that matches the description.

Armel : J'ai les pieds plus grands qu'Adèle. Je mesure 2 centimètres de moins qu'elle.

Gwenaël : C'est moi qui pèse le plus lourd. J'ai les plus grands pieds de tous !

Isabelle : Je mesure 10 centimètres de moins qu'Adèle et 5 centimètres de plus que Gwenaël.

Adèle : Je mesure 1,35 mètre. Je suis la plus grande de nous quatre. J'ai de tout petits pieds.

A. Gwenaël / B. Adèle / C. Armel / D. Isabelle.

Grandir en taille ou en âge ?

Growing in size or age?

Le sais-tu ?

Les diplômes français

When they turn 11, children enter the first form (“sixième”). They follow three study levels and four diplomas:

Au collège : 6e, 5e, 4e, 3e. In their last year, students take the national exam: “brevet”.

Au lycée : 2de, 1re, Terminale. In their final year, students take the national exam “baccalauréat” (le bac).

À l’université : Licence 1, 2, 3: after three years, students sit a degree called “licence”. Master 1, 2: after these two additional years, they sit a degree called “master”.

In addition to these degrees, there are many professional qualifications that students can obtain.

GRAMMAIRE

LES NOMS MASCULINS, FÉMININS ET LEUR PLURIEL

De nombreux mots se transforment pour passer du masculin au féminin.

Pour passer au féminin, on ajoute souvent au nom masculin un -e :

un professeur	un principal	un surveillant
une professeur**e**	une principal**e**	une surveillant**e**

Parfois, on ajoute -ne	**ou -sse**	**ou -te**
un collégien	un maître	un chat
une collégien**ne**	une maîtres**se**	une chat**te**

Pour former le pluriel, on ajoute le plus souvent un -s au nom masculin ou féminin. Des collégiennes, des professeurs, des surveillantes, des maîtres, etc.

Ces règles fonctionnent pour beaucoup de noms. Tu découvriras d’autres formations de féminin et de pluriel au fil de ton apprentissage du français !

Masculine and feminine nouns and their plurals. Most nouns can change from masculine to feminine. To convert masculine to feminine, you often add a final -e. But sometimes, you add „ne", „sse" or „te". To form the plural, an -s is generally added to the masculine or feminine form. These rules apply to many nouns. But you'll discover other feminine and plural forms as you continue to learn.

JEU

À MON ÂGE !

★ Do you remember Antoine's and Ludivine's family story? You can check p. 77 (on the family tree) to find the character that matches the sentences.

1. Mon cousin sera en 4e quand j'entrerai en 6e.
2. Je suis rentrée en 6e en 1966.
3. Ma sœur avait 8 ans quand je suis rentré en 6e.
4. Mon frère avait 14 ans quand je suis rentrée en 6e.
5. Ma sœur aura 9 ans quand j'entrerai en 6e.

1. Nora / 2. Sylvie / 3. Bastien / 4. Élise / 5. Antoine.

VOCABULAIRE

Un ou une prof : un ou une professeur•e. A teacher. Each one teaches a specific subject.

Un ou une professeur•e principal•e : the teacher who is responsible for a class.

Le ou la CPE : **C**onseiller/conseillère **P**rincipal•e d'**É**ducation : he or she is responsible for the quality of the leaning environment and the interface between the teachers, the families and the administration.

Les surveillants : they supervise students when their teachers are absent.
Le ou la principal•e : he or she manages the school.

Un emploi du temps chargé

	LUNDI	MARDI	MERCREDI	JEUDI	VENDREDI
8 h 30	Mathématiques M. DUFOUR 101	Anglais M. MOTTE 102	Arts Plastiques Mme CASTILLO B1	Sciences Vie et Terre Mme LAFOND 107	Mathématiques M. DUFOUR 101
9 h 25	Mathématiques M. DUFOUR 101 / Histoire Géographie M. CHERGUY 204	Histoire Géographie M. CHERGUY 204	Technologie M. GUÉRIN B4	Anglais M. MOTTE 102	Technologie M. GUÉRIN B4w / Physique Chimie M. KARMEL 205
10 h 35	Sciences Vie et Terre Mme LAFOND 107 / Français Mme RAVON 103	Mathématiques M. DUFOUR 101	Anglais M. MOTTE 102	Mathématiques M. DUFOUR 101	Physique Chimie M. KARMEL 205 / Histoire Géographie M. CHERGUY 207
11 h 30	Vie de classe Mme LAFOND - 206	X	Français Mme RAVON 103	X	Espagnol M. DUCOR 201
12 h 25	REPAS	REPAS		REPAS	REPAS
13 h 30	Éducation Physique et Sportive Mme DUFIS Gymnase	Éducation Musicale M. CHEMALY B3		Français Mme RAVON 103	Éducation Physique et Sportive Mme DUFIS Gymnase
14 h 25		X / Français Mme RAVON 103		Histoire Géographie M. CHERGUY 204	
15 h 35	Anglais M. MOTTE 102	Français Mme RAVON 103 / X		Espagnol M. DUCOR 201	Français Mme RAVON 103
16 h 30					

DIALOGUE

Antoine : Rayan, regarde ! C'est l'emploi du temps de Damien en 6e.

Rayan : Il commence à 8 h 30 tous les jours. Le lundi, il a français une fois sur deux à 10 h 35.

Antoine : Il finit tous les jours à 16 h 30 ! Il a quatre heures d'anglais par semaine en salle 102 avec M. Motte. J'espère qu'on finira tôt, nous aussi !

Rayan : Moi, j'espère surtout qu'on sera dans la même classe !

Ludivine : Ah ouais, ce serait trop claaassse !

Antoine: Rayan, look: this is Damien's timetable for his first form year.
Rayan: He starts at 8:30 am every day. On Monday, he has a French class at 10:35 am once every two weeks.
Antoine: The classes finish every day at 4:30 pm! He has four hours of English each week in room 102 with Mr Motte. I hope we will finish early too!
Rayan: As for me, I hope above all that we will be in the same class!
Ludivine: Yes! That would be so coooool!

BD

Panel 1, Antoine says: "Look!"
Panel 2, Rayan says: "I hope that we will be in the same class."
Panel 3, Ludivine says: "So cooooool!"

JEU

VRAI OU FAUX ?

1. Le lundi, il y a cours de mathématiques avec M. Cherguy.
2. Le jeudi, il y a français en salle 103.
3. L'éducation physique et sportive a lieu lundi et vendredi.

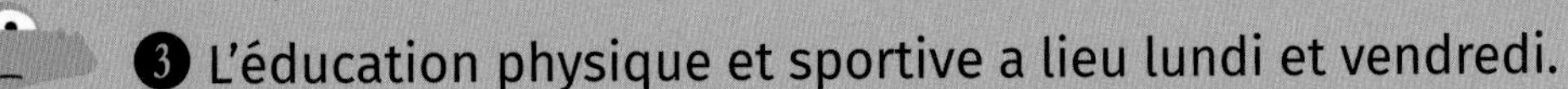

4. Le mercredi après-midi, il y a cours de musique.
5. Il n'y a pas de cours le mardi de 11 h 30 à 13 h 30.

1F. Le lundi, il y a cours de mathématiques avec M. Dufour. / 2V / 3V / 4F. Le mercredi, après-midi il n'y a pas cours / 5V.

DÉFI

Répète aussi vite que possible :
Treize maîtresses
en détresse stressent !

Repeat as fast as you can: Thirteen schoolteachers in distress get stressed.

À toi de parler !

À quelle heure commences-tu l'école et à quelle heure termines-tu ?
Quels jours vas-tu à l'école ?

La fête de l'école

JEU

QUE SONT-ILS EN TRAIN DE FAIRE ?

★ Match the characters with their description.
Remember that "être en train de" + infinitif = "to be verb + ing".

1. Nous sommes en train de mettre des guirlandes.
2. Je suis en train de jouer de la guitare.
3. Je suis en train de faire des crêpes.
4. On est en train de jouer au foot.
5. Elle est en train de parler avec un maître.
6. Ils sont en train de danser.

A

B

C

D

E

F

1D / 2C / 3A / 4B / 5E / 6F.

CHANSON

LE LOUP, LE RENARD ET LA BELETTE

C'est dans dix ans je m'en irai
J'entends le loup et le renard chanter] x 2
J'entends le loup, le renard et la belette
J'entends le loup et le renard chanter] x 2
C'est dans neuf ans je m'en irai
La jument de Michao a passé dans le pré
La jument de Michao et son petit poulain
A passé dans le pré et mangé tout le foin] x 2
L'hiver viendra, les gars, l'hiver viendra
La jument de Michao, elle s'en repentira] x 2

C'est dans huit ans...
C'est dans sept ans...
C'est dans six ans...
C'est dans cinq ans...

In ten years, I'll be gone
I hear the wolf and the fox sing
I hear the wolf and the fox and the weasel
I hear the wolf and the fox sing
In nine years, I'll be gone
Michao's mare passed through the meadow
Michao's mare and her little foal
Passed through the meadow and ate all the hay
Winter will come, boys, winter will come
Michao's mare, she'll repent
In eight years...
In seven years...
In six years...
In five years...

#3 On révise ?

JEU

UN VRAI LABYRINTHE !

Antoine and Rayan are lost in their new school. Help them get to the right class by completing the following sentence: Pour retrouver leur classe, Antoine et Rayan doivent...

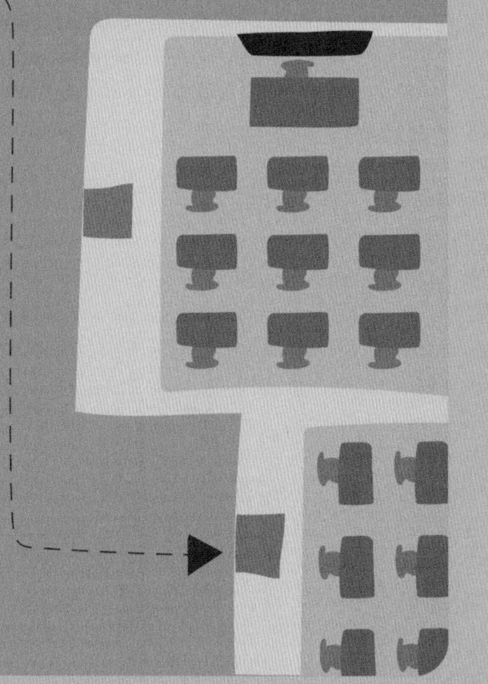

Pour retrouver leur classe, Antoine et Rayan doivent aller tout droit, puis tourner à droite, puis tourner à gauche.

JEU

VRAI OU FAUX ?

★ C'est du passé !

1. En CM2, Antoine aimait beaucoup le football.
2. Pour le Nouvel An, la famille était à la montagne.
3. Élise et Bastien faisaient de la luge quand ils étaient petits.

1F / 2V / 3V.

JEU

QUI A FAIT QUOI ?

★ Match each sentence with the right person.

1. Il a mangé des crêpes au chocolat.
2. Ils se sont mariés en 2013.
3. Elle a fait des courses.

A

B

C

1B / 2C / 3A.

JEU

CHERCHE ET TROUVE

★ Can you name these pictures in French? They all begin with the same letter. Guess which one!

1 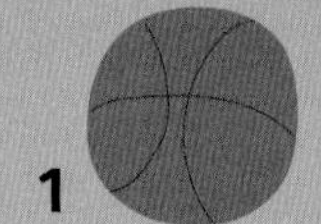 2 3  4 

1 : un ballon / 2 : un bonnet / 3 : un bureau / 4 : un bus. Réponse : la lettre B.

On révise ?

GRAMMAIRE

LES DÉTERMINANTS POSSESSIFS

Exemples : C'est **mon** oncle ! Où est **ta** sœur ? Ils prennent **leurs** livres.

LES DÉTERMINANTS POSSESSIFS	MASCULIN SINGULIER		FÉMININ SINGULIER		PLURIEL	
	mon	notre	ma	notre	mes	nos
	ton	votre	ta	votre	tes	vos
	son	leur	sa	leur	ses	leurs

JEU

OUPS, C'EST LE BAZAR !

The kitchen is a big mess: Ludivine is trying to describe it to Stéphane on the phone. What does she say?

Il y a une assiette sous la table, une fourchette et un couteau sur une chaise, un verre dans le tiroir de la table et de la farine dans l'évier !

JEU

QUI EST L'INTRUS ?

Try to find the odd word in these lists.

1. ovale / rectangulaire / la trottinette / carré
2. la farine / la chaussette / les œufs / le lait
3. la tante / le cousin / la cagoule / la grand-mère

1. la trottinette / 2. la chaussette / 3. la cagoule.

JEU

MOTS MÊLÉS DES VÉHICULES

Find 7 vehicles in the table below!

T	R	O	T	T	I	N	E	T	T	E
H	E	L	I	C	O	P	T	E	R	E
V	E	L	O	Y	Y	F	P	X	A	B
V	O	I	T	U	R	E	N	U	I	U
U	O	C	A	M	E	T	R	O	N	S

JEU

REMETS DANS L'ORDRE !

Put the sentences in the right order to complete the dialogue.

À la boulangerie

1. - 1 euro, s'il vous plaît.
2. - Bonjour, je voudrais du pain, s'il vous plaît.
3. - Merci, au revoir !
4. - C'est combien ?
5. - Voilà !

2 / 5 / 4 / 1 / 3.

WELL DONE! Thanks to Ludivine and Antoine, you've discovered the basics of French and the secrets of its rhythms and melodies! Now you can continue using the language to chat, read and sing. Regular practice is key to progress. **Keep on learning and... enjoy!**

Editorial concept and graphical design: Okidokid - www.okidokid.fr
Layout: Charlotte Morin
ISBN : 978-2-7005-0940-3
Achevé d'imprimer en Pologne par Drukarnia Dimograf en août 2023
Numéro d'édition : 4286
Dépôt légal : septembre 2023